修與行

劉濟雨 著

經典

自序

二〇一四年用一個字代表臺灣，經網路問卷民調，答案是一個字：「假」。原因應該是大多數人認為現今社會充滿許多不真不實的言論，以及許多以假亂真的負面訊息，加上媒體的推波助瀾與喧染，以滿足聽眾與觀眾們耳根與眼根的刺激。在如此的的時空背景之下，臺灣社會變成道聽塗說、以訛傳訛、危言聳聽、無中生有、譁眾取寵、興風作浪、汙衊扭曲等等亂象層出不窮。政治動盪加上是非混淆，人們長期在這樣的生活情境中耳濡目染，心靈遭慢性毒染，社會價值觀嚴重偏差而不自知，影響所及是這樣的社會人心很難安穩與祥和。因此，二〇一五年如果也要用一個字代表臺灣，則非「亂」莫屬。

一個人的心如果充滿著負面思想，就會聽到很多負面的訊息，也會以負面的思維去解讀所發生的事情，這樣的人當他聽到不正知見時，因心無正念，所以很難以正知正見去以正破邪。因此，心中如果無法築起一道以正信與正念為基礎的防火牆，則要在這五濁惡世的濁浪滔滔中脫困而出，那是很困難的事情。處在這樣的濁世中，已入佛門的人都會因此而起心動念、搖搖晃晃，甚至有自己的定知定見、妄知妄見而難以解脫知見，更遑論尚未學佛的人。所以，佛家才說：「眾生起心動念，如來悉知悉見。」無論在什麼地方，或隱密到沒有人看得到，自己的起心動念即使可以瞞過別人，也瞞不了佛陀。心中有正覺則對自己的起心動念了然於心，也才不會隨境流轉。

佛法的最高價值在於能與生活及工作結合，更在於能在邪知邪見充斥之際立即升起一念無所住之心。所學之佛法如果不能在亂世或亂境中起撥亂反正的妙用，或不能在關鍵時刻派上用場，那學佛就是白學了，所學佛法也就失去它的價值了。而造成這樣的原因就在於學佛不是活學，而是死讀。所以才說：學佛要活學，學後要活用，這樣才是「人間佛教」，也才是「佛法生活化」、

「菩薩人間化」。

二〇一五年八月，蘇迪勒風災襲臺，重創新北市的烏來山區，整個溫泉區滿目瘡痍、汙泥淤積。慈濟基金會在八天之內動員了一萬兩千人次一梯接一梯前往清掃，這些志工大多數是年過半百以上，有些甚至是向公司請假前往，只因上人的呼籲而各自積極動員前往救災。由於災區涵蓋很廣，因此證嚴上人積極呼籲正在放暑假的年輕人要走出來投入災區，這樣災區復原的速度才會快。然而，年輕力壯的志工人數還是不多，曾質疑慈濟人在哪裡的那些人，現在很需要您的一份愛心投入，但卻不知您在哪裡？烏來是臺灣北部最出名，歷史最悠久的溫泉區，有多少人曾攜家帶眷在這裡享受過泡湯及聚餐的天倫之樂。然而，現在烏來受重創，正期待外界給予協助清理家園之際，這些人現在又在哪裡？患難見真情，這才是溫馨祥和的社會，這需要人人一邊把愛找回來，一邊讓愛傳出去，這樣才是對我們整個社會及下一代做最好的機會教育。

八仙樂園塵爆發生之後，有人故意質問：「慈濟人在哪裡？」其實，你如果都待在家裡，當然就不會知道慈濟人在哪裡，你如果來慈濟聽聽八仙塵爆傷患家屬面對年輕孩子死傷的心靈煎熬，與慈濟志工爆炸現場協助救災的心路歷程，你就會知道慈濟人永遠在苦難人的心裡。因為，塵爆一發生後，慈濟人就已在災區裡，更在每一間醫院裡，除了發放急難慰問金，也一路陪伴膚慰傷患者的家屬。二〇一五年九月初，上人行腳至關渡園區，其中一天安排了烏來災區的幾位里長，與八仙塵爆出院傷者及其家屬，前來與上人及慈濟志工們溫馨交流。心得分享中，災區里長與塵爆家屬道盡對慈濟即時馳援與膚慰的無盡感恩。爆炸發生之後，全臺灣包括臺北在內有五十二間醫院收留塵爆患者，而至今慈濟志工在這五十二間醫院裡仍進行著長期陪伴膚慰的工作。

由於塵爆燒傷者的復原時間會很長，證嚴上人指示每一個傷患家庭由固定一組志工長期陪伴與協助。至今，許多傷患已返家，居家關懷之工作也是持續進行著。大災難中慈濟人的快速動員救災，與後續長期的心靈膚慰，這種人間的至情至性就是社會祥和的珍寶。臺灣無以為寶，就是以愛為寶，所以才叫做寶島。然而，很遺憾地，報章媒體卻對這樣的大愛事蹟沒有興趣報導。所以，電視觀眾們如也能兼看大愛臺，則可以看到全球慈濟人無處不在，而這股大愛力量其源頭就是來自臺灣，這就是希望。

發生在二〇一五年四月底的尼泊爾世紀大地震，末學在上人指示下，一行十多人在災後第二天即啟程前往勘災及救災，一直到同年九月，慈濟團隊還在那裡進行中長期的重建計畫。其實，與末學以前去過的斯里蘭卡海嘯及菲律賓海燕風災一樣，災後一個月幾乎大部分的非政府組織都已離開，然而慈濟正是中長期的援建才要開始，這是慈濟救災「跑在最先，做到最後」的理念與做法，無論國內國外都是一樣。所以，當有人在問慈濟在哪裡時，上人自信地回道：「慈濟人是無處不在！」上人也曾對發願要常住在災區的委員慈示說道：

「做慈濟不要把自己定在某一個地方，而是要無處不在。」言簡意賅，發人深省。

上人曾開示：「隱惡揚善是一種美德，但如果是非分不清就很要不得，因為這會造成心智成長的挫折。」這是指「隱惡揚善」而言。若是「隱善揚惡」，則社會不亂才怪。君不見每天千百位慈濟志工在烏來清理災區時，整條巷道一片藍天白雲志工，不要說在臺灣，也是全球少見的救災景象，這更是臺灣人以善為寶的愛心奇蹟。然而，媒體對暴力、煽情、血腥、示威、抗議、八卦、兇殺等等的新聞情有獨鍾，對這種守望相助、敦親睦鄰以及人性光明足以作為社會教育的新聞卻揚善不足。隨師時，有一天末學向上人訴說臺灣媒體之亂象與顛倒，上人語重心長說道：「還好有大愛臺！」

一九九九年八月，慈濟大愛電視臺正式啟用。當初上人要籌備大愛臺之前先去拜訪公視，返回臺北分會時，對在場的委員說道：「參訪公視之後，我才知道蓋一個電視臺需要花這麼多錢，聽了之後我都手軟腳軟！」然而緊接著又說：「即使手軟腳軟也是要做！」末學當時被上人如此堅毅不拔的精神及宏觀的遠見所震撼，現在回想足見上人異於常人的高瞻遠矚，令人敬佩。也有一次一位志工問上人：「我們只有一臺大愛臺，臺灣卻有這麼多電視臺，這樣清流拚得過亂流嗎？」上人回道：「難道我們不想拚拚看嗎？」言下之意，清流雖小，卻猶如一道曙光，至少還有希望，沒有清流就完全沒有希望了。

上人說：「有為法與無為法需透徹了解，才有可能自轉法輪。」並說：「疑悔悉除，即得入於實智之中，要入實智，才能見實相。」社會亂象與生活亂境就是一種境相，而覺者與迷者最大的差別就在於境相取捨的能力不盡相同，這需要入實智，才有可能洞察真相。學佛者必須培養能力，透過人間俗事去體悟真理。人間俗事就是有為法，諸佛妙理就是無為法；有為法是妙有，無為法是真空。非空非有，空有不著兩相，這樣就是實相。即使做不到移風易俗或改政移風，至少也要讓自己站穩腳步並立於不敗之地，也就是至少不要被亂境纏身而糾纏不已、身不由己，要這樣就必須先做到「疑悔悉除」。要疑悔悉除，就須破疑解惑，要破疑解惑，就須問對問題也問對了人，這樣才會找到正確答案。

集合貪、瞋、癡三毒之煩惱即為「惑」，所以能斷惑則能斷煩惱之苦，使煩惱不生業。見思惑是見解上的迷惑，這樣的惑業也是會令人無法輕安，生活不輕安就是苦。「見思惑業不止，大法難投」，因心中尚存疑法與疑惑而致信根不足，信根不足則正法難入心。佛陀對疑法及疑惑所開立的藥方跟對治煩惱掉舉的藥方是一樣，就是「親近善士」及「修練正法」。要親近善士就要入人群，要修練正法就要入經藏。善知識能啟發我們的智慧，真實法能指點我們的迷津。現今癲狂慌亂的濁世中，唯有入群的外行與啟智的內修兩者相輔相成，如此才有可能做到以慈導悲、以悲啟智，也才有可能透過悲智雙運去破疑解惑而令惑障解脫，做得到就是「為癲狂慌亂作正念」。

《修與行》是末學繼《方便與真實》之後再度出版的新書。整本書都是以問與答的型態進行編輯，書中收納了許多菩薩道修行路上的種種提問，每一題的答覆自三百至六百字不等，務求解說詳盡。十多年來，末學參與無數次的海內外志工培訓課程、幹訓營以及各種生活營等等的講課，有時有雙向交流時，大家都會提出菩薩道修行中，或人生旅途中所碰到的種種疑難雜症，末學將這些提問篩選、彙整、歸納、分類，再秉持大乘佛法的思想以深入淺出的方式作答。因此，解答的角度著重在「從方便走入真實」，以及「藉人間俗事顯真理」，並從中印證「慈濟宗門人間路，靜思法脈勤行道」的權實一體。菩薩道的修行如能理事雙融、解行並重，自然就能藉問題顯佛理、藉俗事顯真理。問題破解了，則茅塞頓開、豁然開朗。相反的，問題久置心中不去化解，或疑惑長存心中不去釋疑，則由疑生惑，由惑生無明，如此先不要說要無明變光明，或問題變菩提，要讓生活輕安自在都會是很困難的事情。

上人說：「對慈濟的法門要舊法新知、新法必知，才能對外面的質疑提出正確的解說。如人家有質疑，而我們卻解說的不清不楚，這樣會陷慈濟於不義。」破疑解惑之後，就是要讓無量妙法悉現在日常生活中，這樣就是「無量法門，悉現在前」，這個「前」指的就是人群。法能在人群中得到印證與妙用，如此才能「得大智慧，通達諸法」。法門如果一成不變，就無法觀機逗教，所以法門不是八萬四千而已，而是無量，此乃眾生無邊，所以要度無邊眾生，就要學習無量法門，因此才說「法門無量誓願學」。一成不變叫做「方法」，千變萬化才叫做「妙法」，方法要妙用且對機才會成為妙法，這就是一乘真實法無上甚深微妙，以及正信佛法的博大精深之處。

《修與行》書中所答之疑問，雖不能涵蓋問題之全部，然期望讀者能以聞一知十、一聞千悟之智慧去觸類旁通，一理通而萬理徹，目標就是要轉迷成悟，轉識成智。一聞千悟的「聞」是聞方便法，「悟」是悟真實法。「佛法雖多，不離權實，權實之外，別無他法」。因此，方便不離真實，真實不離方便，謂之「權實一體」。簡言之，閱讀或學習過後，仍須實踐力行、實際體驗；行入苦難深處之餘，也須再深入經藏、增長智慧。如此，依經入道、知行合一，才是真正的福慧雙修。

人群中是「無處不道場，無人不是法」。有緣者，遠在他方亦覺；無緣者，近亦不知。佛陀的弟子們，一直到佛說法華之後才深知自己過去其實都是在一乘裡，卻從不信有大乘，就如身懷明珠卻自以為是貧窮子一般。同樣的道理，其實我們身邊都是佛法，但碰到問題時卻找不到方法，這是我們需深自警惕之事。值此書出版之際，末學深深許期許同修們及讀者們，能對所答之問題能茅塞頓開、有所受益。之後，大家也能互相鞭策、相互惕勵，同時也企盼先進前輩們能不吝給予末學指導與賜教。無盡感恩！

末學 濟雨 二〇一五年十月一日 寫於靜思精舍

目次

解惑篇

一

問：有人問慈濟是什麼團體，我們要如何回答？

答：壹、慈濟是不分宗教、種族、國度的國際慈善人道救援組織。
貳、慈濟是一個正知、正見、正信及正念的佛教團體。
參、慈濟是內修外行的菩薩道修行法門，將慈濟宗門與靜思法脈權實合一，從中福慧雙修去實做實證的大乘修行團體。

二

問：何謂慈濟的宗旨？

答：慈濟的宗旨是以慈悲喜捨之心，起救苦救難之行，意即：內修「四弘誓願」，外行「四無量心」，以內修外行的真實之道去自度度他、自覺覺他，以期創造一個互助互愛的溫馨祥和社會。慈濟人內修誠正信實，外行慈悲喜捨，此即「靜思法脈勤行道，慈濟宗門人間路」。慈濟宗門是外行，靜思法脈是內修，因此慈濟的宗旨之一也是要將宗門的人間路與靜思的菩提道銜接，這就是以出世的精神去做入世的工作，也是從入世的方便中去探討出世的真實。

三

問：大愛的精神是什麼？

答：大愛的本質是慈悲，而慈悲的基礎是感恩。所以，上人常教誨慈濟人：在付出大愛的當下，還要心懷感恩。大愛是慈悲、感恩是智慧；付出是事相、感恩是真理；付出是有為法，感恩是無為法。所以大愛的精神可闡釋為「轉小向大、回自向他」，並且是「自度度人、自覺覺他」。長情大愛是充滿清淨無染；私情小愛則是充滿煩惱憂愁。聖者懂得「恥小慕大」，所以才會拉長情、擴大愛；凡夫只知「執小為大」，所以無樂大之心。也因如此，凡夫是心靈空虛，聖者是心包太虛；凡夫是起心動念，如來是悉知悉見。所以，大愛精神是源於大乘佛法的大無畏精神。

四

問：慈濟給人一種很莊嚴的感覺，好像必須穿制服、穿白鞋等，有一定的戒律要遵守，而時下的年輕人比較隨興，又如何來接受呢？對於這點應該怎樣克服呢？而身為慈濟人需要如何去面對？

答：每一個人在還未修行前猶如脫韁的野馬，就如平原走馬一般，易放難收，不但隨心所欲，而且個性剛強很難調伏。由於長久以來的任性、率性與隨心所欲，加上缺少約束，因此有好的形象氣質很不容易。學佛是以戒為師，有否穿制服或服裝穿得是否端莊得體雖與戒律無關，但卻與個人的形象、氣質及別人對我們的觀感息息相關，這就是形象管理。其實，穿制服也一種習慣，尤其在修行團體裡更是一種眾生平等的團體美，同時也省去顏色及款式該如何搭配的煩惱，因此才說「簡單就是美」，這種生活哲理可從穿著及飲食去嘗試做起。慈濟猶如煉鋼爐，大家還未進來前就好像一塊鐵，進來慈濟後就要接受千錘百鍊，而戒規的約束就是煉鋼過程中最重要的一道工序，謂之「焠火」。未經焠火的工序就無法煉鐵成鋼，戒規也是一樣，因此也可說「戒是六根之因」。了解這個道理，我們就能知道要說妙施權接引年輕人來參與適合他們參加的活動，而活動內容的規畫須與年輕人對機，一旦有緣進來慈濟，就要權實並用，透過各種方便權教，最終就是要讓這些菩提新芽獲得心智成長的機會，若見效，那就是從方便中走入真實的悲智雙運。

五

問：要先有宏觀遠見，還是先把握當下？哪一個比較重要？

答：兩個都重要，須雙軌並行、並駕齊驅。「人無遠慮，必有近憂」告訴我們，人生或修行要有遠見與宏觀。宏觀遠見就是「大處著眼」，把握當下就是「小處著手」。能「大處著眼」，也能「小處著手」，這樣的行事心態就是圓融與務實，也是「君子務本」，否則是「好高騖遠」。「千里之行始於足下」，就如上人當初把握看到地上一灘血的當下，升起一念悲心並恆持此剎那，終於成就如今全臺六間醫人、醫病、醫心的慈濟醫院，這是上人「立足臺灣，宏觀天下」的覺者胸襟。這個道理告訴我們須腳踏實地，走穩眼前的每一個腳步，也需要有把握當下的智慧，就是「慎始」。而要一步八腳印並連接每一個當下使之成為永恆，這需要宏觀，就是「心包太虛」及「慈悲等觀」。能謹慎把握眼前的每一個小因緣，才有可能成就將來的大因緣，靜思語所說「小事不做，大事難成」，以及「說一丈不如行一寸」就是此意。如只是空有理想與抱負，但卻不能從每一個當下去實踐力行，則是眼高手低而非眼明手快，這樣也會一事無成。然而，把握當下、砥礪未來、積極實踐，這是做到有願力也勤精進，能做到如此已誠屬不易，然而，若心中不入法，則還是無法成就，也是無法度。所以，

「法」有否入心與入行，又是一個成敗的關鍵因素。

六

問：如果在處理一件事情，是大部分人都認為該事是可以被接受的，難道那件事就自然而然是件正確的事情嗎？我們是否應恆順大眾的看法或想法來辨事？反之，難道是我自己本身的看法與思想有問題？

答：修行是以法為師，以法為最高指導原則。所以，牽涉到法理與法脈之事，不能以表決方式決定，或以大多數人的想法為定奪。靜思法脈代表慈濟法門的精神層次與思想體系，就如人的命脈一般重要。慈濟是一乘菩薩道的修行團體，一切宗門的運作自有其靜思法脈做為法理基礎，所以做世間事的當下自有其出世間法的理念與精神為依止，以讓所有志工有所遵循而不致脫序。如果以多數人的想法來決定事情，慈濟有很多志業都做不出來，例如：慈濟醫院與大愛臺，這是上人的悲心大願與悲智雙運而促成。

然而，有時候與精神理念無關甚或無傷大雅的俗事，還是得以世間法來進行，以多數人認同的方式去決定，即使如此，這還是要以出世的精神去做入世的工作，也就是少數服從多數，多數也要懂得尊重少數，這中間還是要以法為依歸，並如法而行。例如：活動要不要辦？在哪裡辦？多久辦一次？要推薦誰來當組長？什麼工作要由誰來承擔……？所以，既來修行就要多共修，共修愈多，則愈有共識，共識默契好，則容易互相成就、相互配合、一團和氣，這樣才是有道氣的道場。

七

問：曾與朋友談起學佛，他覺得只有那些心靈有缺陷的人才需要學佛，那些很堅強的人則不需要，我該如何應對這樣的問題呢？

答：「學佛」就是要學習佛法的正信與正念，與學習佛陀的契悲運智，有了慈悲心才會有好性情，有了大智慧才能明是非。無論是身心有缺陷或個性很卻作風強勢、強人所難，這讓我有種被惡勢力包圍的感覺，非常無力感。

答：既然還有無力感或挫折感，這表示心中尚存芥蒂，這哪算是放下及容忍？放下的人是「不置心中，心上無痕」；放下的人是「事來即應，應過即放」；放下的人是「念起不隨，生而無住」，放下的人是「前腳走，後腳放」。能做到忍氣吞聲或不計較，這已是不簡單，但即使做到了也只能說是修養很好而已，與修行無關。然而，如能徹底沒有忍氣吞聲或計不計較的念頭，這才是出世的態度，也才是證悟的理念，這是走入修行的領域，也才是最高境界。面對別人強勢作為或強人所難，我們要學習拿別人的境界來警惕自己、修正自己。上人說：「人如果能時時心存感恩，則對人對事的態度就會不一樣，也才不會對別人說出重話或作風強勢。」這就是自我的修持。然而，如果發生別人對我們有所誤解、冤枉、批評、凌遲、羞辱、障礙、強勢等等，我們如果能做到不急著解釋、不怨天尤人，也不會生氣動怒，同時能選擇寬恕與包容，這樣日子才會好過一點，也才是善待自己，這樣的修為就是孔子所說的「人不知而不慍，不亦君子乎？」雖不是一蹴可幾，但還是要從小事慢慢學起。生活中，正念與雜念經常糾纏不已，善念與惡念也時時都在拔河，然而善惡拔河不是善的會是輸家，而是人多的一邊才會贏，所以上人才積極呼籲要人間菩薩大招生。

九

問：是不是單身對做慈濟或修行比較沒障礙？如果已婚，是否不要有太多的孩子？聽說孩子來到人世間也是來受苦的。

答：科學家已算出地球上適合居住的人口是十五億，而現今地球人口是七十多億，地球人口嚴重超載，造成地球資源被人類開發殆盡，大地開始反撲，這是現在地球四大不調、災難偏多的原因。所以，最好是「已結婚，令不生」，如做不到就退而求其次「已生一，不生二；已生二，不生三」。不只是孩子，每一個人都是業報身，在六道輪迴裡，以人身示現來娑婆世界受業報。有的人從小一出世就來享福；有人則從小就一直苦不完；有人雖從小吃苦，但深知因緣果報並用智慧找出苦緣也化解苦緣，最終也能吃苦了苦而苦盡甘來。單身者因無後顧之憂，一旦走入修行，或許其障礙比起已婚或有生育者減少許多，然而這也不能說是絕對的。沒有家庭負擔，可能還有心靈負擔也說不定，如有家庭負擔又有精神負擔，那就是苦上加苦了。家裡老的老、小的小，要投入慈濟更需要用智慧去安排時間，但太多的俗事纏身，有時還真是會讓人心有旁騖而身不由己，這樣也是無奈。不過，在慈濟團體裡，有許多兒女成群的發心志工，他們如何克服種種障礙，而投入慈濟來修行呢？就是「化整為零」。也就是全家一起投入慈濟，幼兒念幼教班，幼童念兒童精進班，青少年加入慈幼班，大學生則加入慈青團體，老師則加入教聯會，醫師則加入人醫會，年邁父母則參與社區環保工作，夫妻則同修成為菩薩道侶，如此全家行善、積善，這是「積善之家必有餘慶」，也就是吉祥如意的家庭。然而，並不是每個家庭都能如此福德因緣具足，這是人家前世修來的圓滿福報，我們如果也要這樣，就要積極把握今世親近善士、修練正法的因緣，從充實自己做起，進而影響周遭的人。

十

問：我是來自一個不完整的家庭，如果本身雜念與煩惱很多，長期以來難以解決，請問：在這情況下，難道我們還要先去幫助別人，而置自己家庭於不顧嗎？

答：以你目前的情況，如果不去幫助別人，家庭就會得到改善嗎？即使幫助別人也不能存著要改善自己家庭的有所求念頭。家庭不完整而致雜念與煩惱多，這是今生今世的諸事不順與不如意一樣，都不是別人所給，而是與自己過去所造之因有關。所以，要了解因緣果報，從中去探討憂悲苦惱的緣起，再以佛法的智慧去化解。家庭不完整、諸事不順利、身體不健康、婚姻不幸福、子女不孝順等等，追根究柢都是屬於福緣不夠，解決之道就是多入人群結好緣，多入暗角濟貧病，且須持續與累積，時間久了自能時來運轉、以善消惡。幫助別人雖是善行，但有愛心也是要有智慧，不可幫到連自己家庭都不顧，這是本末倒置，也是不圓滿，相信這樣的行善也不會讓人起歡喜心。家庭問題長期以來無法解決，並不盡然是問題艱深，可能是自己智慧未開，智慧一旦開啟則可能是答案簡單，此時自能四兩撥千金。要啟發智慧就需薰習佛法，用佛法去解煩惱，用法水去滌心垢。這是一件滴水成河的心靈重建工程，需日積月累才能有所成就，這就是修行的開始與過程。處在不完整的家庭裡，要學習提起正念、心存感恩，感恩有這樣的不順境，才能有因緣讓我們接觸正信的佛法，藉此激發我們的潛能與心智。

十一

問：為何上人不是說生命有多長，而是說有多寬、有多深？

答：一個人的生命無論多長，終有結束的一天，因為我們一生下來就開始接近死亡，這是自然法則，無人可以避免。莊子有一句話說得很妙，他說：「不亡以待盡。」意思是說我們活在這個世界上並沒有活，而是在等死。莊子又說：「方生方死，方死方生。」意即：當一個人出世之後，我們說生了，但那不是生了，而是死亡的開始。佛經也說：「是日已過，命亦隨減，如少水魚，斯有何樂？」這也是警惕我們，日子每過一天，生命就減少一天，就如魚在水逐漸減少的池子裡，會有什麼快樂呢？這不是要我們悲觀以對，而是要我們透徹體認，並做積極的準備，蓋因用心準備則有備無患，心裡就比較不會恐懼。生命如沒有寬度與深度的話，表示生命沒有活出意義與價值。生命活得很長，卻活得很痛苦、很無聊，那麼長命就是苦命與無奈。生命很長，但是沒有活出意義與價值，那代表生命的良能與功能沒有發揮，這樣也不算是正命。所以，每天清晨薰法香、聞正法，白天把握因緣做慈濟、結善緣，人家過一天，我們是過了一天半，即使不知未來的生命長度有否增加，至少當下已擴展了生命的寬度與深度，這樣也是一種延壽，這也是薰法香的另一妙用之處。

十二

問：佛經不是說不崇拜「偶像」，為何又會有「佛像」呢？

答：《金剛經》有云：「無我相、無人相、無眾生相、無壽者相」，以及《心經》有云：「諸法空相，不生不滅、不垢不淨、不增不減」都是在提醒我們「凡所有相皆屬虛妄」。既然相是虛妄，就必須不執著於它。離相修福才會得清淨福報，離相修慧才會得清淨智慧，離相不是不要相，而是不著相。佛像也是一種相，世間的頭銜名位也是一種相，相看起來是有，但卻是假有，謂之「假名相」，執著於它就會造成修行的障礙。所以，佛家會經常自我警惕需「三輪體空」，就是隨時要懂得境相取捨，修行才不會招致煩惱。

早晨透過電視連線薰法香，上人在畫面上出現，此時是「相」有了，但開示結束下線了，此時「相」沒了，所以上人提醒我們相沒了沒關係，但無體無相的法必須永恆存在，這才重要。佛像有木雕、石刻、泥塑或以紙張描繪的，但全都只是一個象徵而已。見佛像時，是要提醒自己見佛像如見佛，心中起恭敬，心誠則靈。佛像雖非真佛，但我們也可以借假修真，「假」的是那張佛像，「真」的是我們清淨的佛性。見佛像而起真心，這是「見境修心」，不見佛像卻也起真心，則是「隨處養心」。所以，見相也好，不見相也好，重點不在環境，而是在心境；重點也不在肉眼，而是在法眼、慧眼與佛眼。皈依也是一樣，表面上是皈依法師，其實是皈依自性三寶，是「自歸依」，不是「他歸依」，更不是依佛像。所以，佛法說「心、佛、眾生三無差別」，人人本具佛性，且人人皆可成佛，而清淨的佛性就在我們心中，重點是要如何早日去蕪存菁，這也是我們參加慈濟學佛要努力的目標。

十三

問：有些佛友常問慈濟是不是佛教團體的其中之一？

答：慈濟是修菩薩道的大乘佛法法門，強調以走入人群的外行，及深入經藏的內修，去雙軌並行、福慧雙修，謂之「實踐佛法」。《妙法蓮華經》為慈濟四大八法的行動綱領，其中的《無量義經》更是慈濟志業的精神與精髓。《法華經》是佛陀涅槃前最後開講的一部經，佛陀開講《法華經》期許佛弟子們行菩薩道，是佛陀來人世間最大的目的與本懷，強調不能只是自覺、獨修、獨善其身，而須走入人群去兼利他人、自覺覺他，此即所謂的佛教菩薩道法門。每一尊佛都是安住在方便中，每一部經也都要「開方便門，示真實相」，如此才能隨其所堪，而為說法，慈濟菩薩道也是秉持這樣的理念。上人說：「佛法雖多，不出權實，權實之外，別無他法。」以前用方便法，做就對了，叫做「隱實施權」；現在要用真實法，不只是做，還要薰法香，叫做「廢權立實」。由於法緣殊勝，上人於二〇〇六年十二月十六日、十七日「志業體同仁精進二日」的活動中正式宣布成立「慈濟宗」，開啟慈濟志業立宗的歷史里程碑。

慈濟宗門與靜思法脈相輔相成，是慈濟推動濟世志業的兩大主軸，然而兩者至理不二、同歸一乘，這也是佛陀最後七年開講《法華經》的本懷與精神，慈濟志業就是將如此之精神奉為圭臬，並發揚光大。慈濟宗門有形，靜思法脈無形；宗門不離法脈，法脈不離宗門，這就是「以出世的精神做入世的志業」，也就是對外從方便中入人群造福，對內從真實中入經藏修慧。一言以蔽之，慈濟宗門是為眾生，靜思法脈是為佛教，兩者齊頭並進就是印順導師當年給予證嚴上人推動慈濟志業的精神與宗旨：「為佛教，為眾生。」

十四

問：慈濟團體和其他佛教團體之間的分別，是否只是誦經拜佛的部分？是否兩種佛教團體都能參與呢？

答：佛陀講經說法四十九年，前面四十二年所講的是隨機說法的方便法，這是度眾的「隱實施權」，先以聲聞緣覺的權教來誘引弟子。最後七年講《法華經》，要弟子們不能再執著於二乘及三乘，而是要會三歸一，走入人群去教化眾生、自利利他，此謂之「回小向大」，也就是由小心量變大心量、由小格局變大格局、由小乘法入大乘法、由捨方便而取正直，是由小羊車、小鹿車、小牛車換成乘載量更大的大白牛車，謂之「昔權今實，廢權立實」，這是權中有實、實中有權的權實一體，也才是佛陀住世真正的本懷。其目的就是提醒弟子們不能只是聽經聞法、修而無證，或有教而無行證，而是要行經用法，內修「信、解」之後，還要深入人群去力「行」與印「證」，這樣才是修於內、行於外的如來真實義。上人曾經慈示：

「佛經不只是讓我們用口來宣講和誦念，這樣只是停留在思想的層次。」佛法不離世間法，既是人間法就必須走入人群將經文生活化，將經中義理「用手做出來，用腳走出去」，此謂之「行經」。法門很多，雖說法法相通、道道相通，但還是只能慎選其一，然後一門深入，能一心一志、絕不動搖才是信根具足。「信為道源功德母」就是告訴我門：學佛者要能信根具足、專注一事，這樣才會學有所成。反之，多方從事或目標飄移不專精，就可能會一事無成。

《佛遺教經》第三章談及「制心」，清楚告訴我們「制之一處，無事不辦」，這樣才會道業增長。上人曾開示：「修行到最透徹的時候，不是在靜坐、禪坐、打坐等等，而是反璞歸真、捨妄取真，也就是連生活中的挑柴運水、行住坐臥、舉手投足等等都充滿了佛法，這就是最務實的世間法。」這是慈濟一乘道修練的理念。

十五

問：做為一個佛教團體，慈濟無論是在臺灣或國際社會上曝光率很高，是否會讓人覺得慈濟是一個慈善團體多過宗教團體？

答：曝光率高低跟它是慈善或宗教團體無關。上人曾說：「慈濟如果缺少了靜思法脈，那就變成一般的慈善機構了。」並說：「法脈猶如一個人的心跟腦，宗門則是身體各器官的功能。」這個慈示開宗明義告訴我們，慈濟是法脈與宗門並駕齊驅的一乘法菩薩道修行法門，強調身體力行走入苦難深處去聞聲救苦，同時還要深入經藏去福中修慧，所以是正信正念、內修外行、修福修慧的菩薩道修行團體。曝光率高是因為所作所為超越宗教、種族與國界，且在許多國際間的大小災難中，跑在最先做到最後，並且付出無所求，也不介入政治。因此，獲得國際社會高度的肯定與認同，更在二〇一〇年七月成為「聯合國經濟社會理事會非政府組織的特殊諮詢委員」。二〇一二年年底因為救援美東的桑迪風災，而被美國國會頒獎表共救援了包括臺灣在內的九十幾個國家或地區。這些大型災難的人道救援工作甚受國際社會矚目，再怎麼低調地做，國際社會也都會知道是「臺灣慈濟」。對慈濟修行法門來講，人道救援行動及所有慈善、醫療、教育、人文等四大志業八大法印，都是屬於「慈濟宗門」的領域，而過程中所秉持之精神、理念、思想、智慧、戒規等等則是「靜思法脈」的層次，兩者是悲智雙運的兩足尊，缺一不可。所以，上人才說拿掉法脈的話，慈濟就變成一個慈善機構而已。這些大型災難的救援及小如濟貧個案的訪視及環保站的草根菩提等等，常見許多平凡人不平凡的故事，及小人物感人的偉大事蹟，甚至許多被濟助者，如今也都受證成為慈濟委員，這些慈濟人慈濟事，都會好人好事傳千里而撼動人心，不只是在全球五十幾個有慈濟據點的國家被當地政府認同，也同時被國際社會所讚賞，凡此種種都是全球慈濟志工以情相牽、以法相會，及付出無所求的大愛精神獲得肯定。以上所敘述，裡頭充滿著大乘佛法以宗門及法脈權實並演的甚深微妙，更是佛陀住世最後七年宣講《妙法蓮華經》的最大目的與本懷。因此，其本質不只是慈善工作，而是菩薩道法門的契悲運智，其所產生的迴響與共鳴是無遠弗屆。這樣的現象我們不說是「事蹟的曝光」，而是「宗門的宏揚」與「佛法的興顯」。

十六

問：慈濟是一個真、善、美的團體，可是有些人講一套、做一套，而產生了「人我是非」，使人產生「見山不是山」之感，同時導致有些人也覺得慈濟與其他團體一樣，也不過如此。上人說要「合心、和氣、互愛、協力」，若有一天，上人不在了，慈濟團體又要如何淨化社會人心？

答：娑婆世界是凡夫的世界，既是凡夫就免不了習氣難除，所以凡夫性的反反覆覆、起起伏伏、進進退退、是是非非自是難免，哪一個團體都是一樣，佛陀及孔子時代也都不例外。然而，進入慈濟就是想要藉事練心來改善與改變自己，這就是修行的開始。這樣的心靈改造工程是需要循序漸進與日積月累，中間還會產生停停退退、來來去去、變來變去的現象，所以還要加上難行能行、持之以恆才會看到成效。這不是一件容易之事，此乃眾生習氣剛強難調伏之故，看別人是這樣，我們看自己也是差不了多少。看到別人如此，就要拿別人的「見山不是山」當作鏡子來反觀自照，期許自己見山就見性、見人就見性，這叫做「明心見性」。上人曾說：「修行不是行難修，而是習氣深重難除。」習氣是修行人最大也最難除的障礙，這就是眾生相，也是凡夫相，可能我們自己就是其中一相。既要修行，就要懂得內觀及自省。看到別人哪裡做得不好，我們要「見不賢而內自省」，並「擇其不善而改之」，不是改別人，而是改自己；看到別人哪裡做得很好，我們就要「見賢思齊」，並「擇其善者而從之」。佛陀已經不在，但正信佛法依然興盛，也沒有式微，因為佛陀的法身舍利常在。同理，將來上人如果不在，上人的法身慧命也是會恆古今而不變，此所以佛陀涅槃之化人心、祥和社會、天下無災難。」是大覺者的悲智願行，也為自己的度化眾生立下一個宏願。不只上人有自己的宏願；慈濟人要行菩薩道也是需要得發心立願，蓋因「信願而無行，不得成就；行而無信願，也是不得成就。」地獄會空嗎？眾生能度盡嗎？當然也是很難，然而地藏菩薩就是發「地獄不空，誓不成佛；眾生度盡，方證菩提」的大願，我們凡夫更是不可能，也沒那個能耐去發這麼大的願，這就是聖俗之差。慈濟人是先求淨化自己，俟力量凝聚成為清流之後，就是一股導正社會風氣的力量。過去每年七月坊間大肆殺生祭拜普度，也大量焚燒紙錢，祈求保平安發大財，這是世世代代流傳下來的迷信做法。但上人悲心呼籲慈濟人走入各個社區宣導不殺生、不燒紙錢的正信觀念，幾年下來如今獲得很大改善，取而代之的是餅乾水果，而燒紙錢汙染空氣的做法也逐漸減少。所以，勿以善小而不為，勿以惡小而為之，這是很重要的觀念。佛家講「有願就有力」，也說「金剛非堅，願力最堅」，意思就是指願大、力才會大。發了願則用的是心靈的力量，因為無形，所以也是無量；不敢發願，則用的是筋骨的力量，因為有形，所以也是有限。不可能的事情，我們以大願力去做，才會令人有不可思議的力量與影響。要從點滴做起，做了才有希望；不做，永遠沒希望。

十八

問：如有其他佛教團體邀請慈濟派員出席參與他們的活動，我們是否可以出席？應穿什麼制服出席？

答：應先了解該佛教團體的背景、本質及該活動的性質，再評估是否真有必要出席。在臺灣以外的國家由於海外國情不同，對於當地主流社會有代表性或全國性的大型活動，如衛塞節慶典，慈濟有被邀約，則可視情況評估代表慈濟出席的適切性，以融入當地的主流社會或華人社會。然而，參加與否的行政決策也須經團隊的合和互協去集思廣益，甚至為慎重之計，可請示臺灣本會之後再做出定奪，這樣的決策過程才會師出有名，也才是圓滿與如法的作法。但是對於一些地方性或區域性的佛教團體活動，應考慮到慈濟本身是力行與實踐的菩薩道法門，志業活動也強調落實在社區，所以活動相當頻繁，加上修行法門不同，也為了避免往後類似之事件太多而造成困擾，最好還是要審慎取捨，每個團體都會如此做篩選。然而，如經審慎評估後，須接受邀請代表慈濟出席活動，則必須穿著正式的慈濟制服。

十九

問：我們常說「多做多得」及「有願就有力」，那是不是「有所求」？而我們也常互相勉勵「付出無所求」，請問這樣是否矛盾？

答：「多做多得」是告訴我們「種如是因，得如是果」，以及「自耕福田，自得福緣」的道理，「公修公得，婆修婆得」的道理也是一樣。所以，不多做就不多得，少做就多失，這些都是在強調因緣果報的觀念，而不是要我們付出之後希求回報或不勞而獲。此外，也提醒我們學佛重在實踐與力行，而不是求佛、拜佛與信佛。「有願就有力」是告訴我們只要能發心立願，就有可能「願力大過業力」，它是提振我們「人有無限潛能」的信心。學佛尤其是行菩薩道，強調須信、願、行三者兼備，才會有所成就。發大願行大善，就能累積善業，累積無數的善業之後，關鍵時刻的一善才有可能破千災，不是行一善就要破千災，或發一個願就要轉業力，沒那麼簡單。俗諺：「積善之家必有餘慶。」它強調的是「積善」，而不只是行善而已。所以，行善也是須累積與持續，才有可能以福轉業。發願也是要虔誠並堅定行願，才有可能以願力化解業力。「多做多得，少做多失」以及「能捨能得，不捨不得」，中間提到的「得」是強調不得不失的不二，以及真空妙有、妙有真空的不空不有的因果定律，不執著空，也不執著有，不著兩邊，此乃中道之理。所以，要有所得就要先無所求，有所求就會無所得；無所求就有，有所求就沒有。有所求就「有而非有」，無所求就「空而不空」，這就是「色即是空，空即是色」的道理，我們信不信都不影響這個真理的存在。學佛如果要說「有所求」，就是求「智慧增長」，而這也不是靠求就會有，必須身體力行去做，多做還要多體會，才會有所心得，這就是「行」入人群之際，也同時深入經藏的「覺」性啟發，這樣的「覺行圓滿」就是我們學佛做慈濟的終極目標。

二十

問：慈濟在全球有幾百萬會員，難道沒有害群之馬嗎？

答：五濁惡世才能成就菩薩道，行菩薩道要入人群就是因為人群中充滿凡夫的無明與習氣，這是菩薩道修行的功課。全球數以萬計的慈濟會員與慈濟志工，根器利鈍有別，根機也不甚整齊，佛陀時代的聽法者也是如此。有者進善門卻未進佛門；有者自善門入佛門也有深入與淺入之差異；有者不但心中有佛也行中有法；有者尚停留在聲聞緣覺的小乘；有者恥小慕大正入菩薩道。凡夫的團體人人都還在學習，也都充滿著各自的習氣，因此無論是誰都難免「人有失言，馬有亂蹄」。慈濟法門就是拿人群中的人與事做為入世修行的教材，所以無法避免人與事的磨練，以及人我是非的考驗。《靜思語》說「是非當教育」，就是在凡夫的團體中將亂境妙用而成為慧命增長的資糧。我們不用害群之馬來形容犯錯或製造問題的人，更何況修行者要感恩製造問題的人創造難題，才能讓我們修練安忍與包容。每一位參加慈濟的有心人都是想要改善自己或改變自己，沒有人要故意犯錯，或故意顯露習氣，會如此乃是能力不足之故。其實，我們自己稍一不慎也有可能成為犯錯的人，或讓人看了不順眼。每一個人都是餘習未盡，一旦習氣顯現或不慎犯錯，應當也不會喜歡別人說我們是害群之馬，這是人同此心，心同此理的將心比心，此即「同理心」。上人曾說：「在我身邊，尚未見過能『不貳過』的人。」可見修行之不易，而不易之處就在習氣難除。所以，當我們看到自認為是「害群之馬」的人時，就要暗自警惕自色的人道精神跑在最先做到最後，這樣的救災理念與其歷史紀錄足以編篡成一系列的經藏史集，而「國際賑災」只是慈濟四大志業八大法印的其中之一而已。如果不是做得讓大家感動，讓大家肯定與認同，慈濟經過四十九年後的今天，怎會有全球五十幾個國家、五百多個慈濟據點及會員幾百萬與志工近百萬呢？這其中包括有印尼的回教徒志工、菲律賓的天主教徒志工、非洲非佛教徒的祖魯族志工等等，彼等甚至受證為慈濟委員，這就是「大愛無國界」，更是廣受國際社會包括聯合國認證的慈善人道救援組織。此外，若不是上人盡形壽、獻生命的無上威德感召，怎會有人願意捐積蓄、捐土地、捐會所給慈濟？甚至生前捐血、捐骨髓，連往生後也要把器官跟大體捐出來作為醫學院學生的大體解剖之用呢？這些人都是大捨菩薩，更是有智慧的覺者，他們為什麼要做這麼大的付出與奉獻？因為，他們相信上人，也相信慈濟是一個誠正信實、慈悲喜捨、付出不求任何回報的修行團體，自己也從中深受感動。那位朋友會這樣表示，是因為還要去影響別人，這樣才是「自度度人」，這是大乘佛法的精神。二〇一三年上人鼓勵馬來西亞慈濟人「大馬連心，愛鋪滿地」，並賦予百萬菩薩大招生的階段性目標，這不是有形、有量的數字目標，而是無形、無量的心靈淨化。「百萬」不是目標，而是過程，所以是有為的方便法；「無量」是「心無所住」，是真空，但卻妙有，所以是無為的真實法，這才是真正的目標。上人開口必有其因緣，是以其睿智隨其所堪而應機說法，全馬慈濟人化壓力為祝福，將大祝福當作大禮物，結果二〇一四年最終也是達標，看似困難，實則有心就不難。然而二〇一四年之後，上人繼續賦予另一個百萬會員接引的新願景，這樣若一百、若二百、若三百、若四百……若無數個百萬會員的接引，其實就是以有為的方便法激勵弟子們努力精進不懈怠，而無為的真實之道是在這樣的過程中，營造了一個共善業聚集的人間淨土，這就是「權中有實，實中有權」的「權實一體」，也就是無上甚深微妙法。

二十三

問：慈濟是一個「修於內，行於外」的修行團體，但慈濟對志工的服裝禮儀都要求非常嚴格。同時，內外活動也都一一拍攝錄影，做成文宣看板或影帶，如此做法是否太過強調外在包裝，而忽略內在修持？

答：佛陀時代，佛弟子們出外化緣沿門托缽，佛陀都要叮嚀他們「莊嚴威儀，次第行乞」，若碰到形形色色、習氣不同的眾生而令自己起心動念，則回到精舍後還須調心。這中間，出去化緣就是外行；回來調心就是內修。同理，慈濟人走入人群去濟貧教富，此猶如佛陀時代的化緣，這也是須維持良好的形象與威儀。要維持良好的形象與威儀就須人人做好自我管理，其中人性管理與形象管理就是自我管理的重點之一。人性管理是顧好自己的性靈；形象管理是顧好自己的威儀。內在的性靈與外在的威儀都須兼顧，才是「內修外行」。「修於內」是上求佛道、深入經藏，亦即「內修靜思法脈」；「行於外」是下化眾生、投入人群，亦即「外行慈濟宗門」。

內修就要心寬念純；外行則要莊嚴威儀。既來修行，服裝宜簡單大方、樸素淡雅、端莊整齊，更不宜五花十色、爭奇鬥豔；既是外行，則須在人群中將個人之美展現成為團體之莊嚴與和諧。慈濟人藍天白雲的身影屢屢出現在大小災難的災區，獲得國際間普遍的肯定，所以慈濟制服已不再是單純的一件服裝而已，它更代表著人間菩薩的身影及慈濟團體之美。因此，為了維護這件制服的莊嚴形象與誠正信實，才會制定審核辦法以嚴格核發這件制服，尤其受證後所穿之旗袍更不是有錢就可以買得到。一般社會大眾對穿著慈濟制服的志工會以較高的道德標準來審視其言行，這也是讓慈濟在核發制服時有更大的警惕與約束。另外，慈濟人的深入大藏經，不是多念經或多聽經，而是多行經。既是強調力行實踐，則走過必留下足跡，所以人文真善美志工團隊須以動態影視及靜態文字將人間大愛的真人真事據實記載。蓋因今天的慈濟活動就是明天的慈濟新聞；明天的慈濟新聞就是未來的慈濟歷史。將慈濟人慈濟事拍攝與錄影保存起來，這就是「為時代作見證，為人類寫歷史」。此猶如每個人在成長過程中都會為自己留下一些照片與錄影，這是極其自然的事情，沒有人會說這是在為自己包裝。所以，將慈濟重要活動一一拍攝錄影，這不是外在包裝，而是說我所做、做我所說的文史結集，是大愛歷史的見證，也就是「慈濟大藏經」，更是「現代法華經」。

二十四

問：慈濟人重視團體的整體美，但志工為何要分灰衣或藍衣呢？是不是有階級之分？這樣會不會有分別心？

答：慈濟是大乘佛法的修行團體，強調心、佛、眾生三無差別，無論達官顯要或販夫走卒眾生一律平等、一視同仁，更不分貴賤貧富，也因為如此，才會招感全球這麼多會眾與志工的參與。所以，不可能有階級之分，誰要進來讓別人把我們做階級分別？相信你我都不願意。每一個團體為了展現團隊的整體美及代表自己團體，都會設計自己的團體制服，如：公司行號、醫護人員、空服員、學校、球隊、工廠，甚至坊間一般的餐廳、修車廠、商店等等均各有其不同的制服。慈濟隊伍浩蕩長，為了志工講習的課程安排方便，及易於區別「新發意」與「已發心」，或「已受證」的志工，因此在見習與培訓階段或受證之後，各有灰衣與藍衣及旗袍等不同之制服，以求不同團隊的統一性，也易於辨認，這只是外相上的方便辨別，而非內在的妄心分別。在慈濟的制度裡，剛開始參與慈濟活動時，為易於分辨起見，會讓此等志工穿上慈濟背心。一段時間過後，如想繼續加入志工行列並願意接受見習，則讓此等志工申請穿上灰衣制服，並接受見習課程，以了解慈濟是什麼樣的團體、慈濟做了哪些濟世志業等等。見習一段時間過後，如想繼續充實慈濟的精神理念與發心立願行菩薩道，則讓彼等志工申請灰衣白領制服，並接受至少一年以上的培訓課程。培訓過後，經評估其動靜態課程皆合乎要求，則推薦彼等志工受證成為慈濟委員或慈誠，正式成為證嚴上人的在家弟子。這整個過程中，不同階段有不同之制服，就如幼稚園畢業後，須換穿小學制服，小學畢業後再換穿中學制服，甚至不同學校有不同制服，道理是一樣，但社會上沒有人會認為不同制服是一種階級劃分或分別心。

二十五

問：若有其他團體欲向慈濟惠借有關國際賑災、居家關懷等震撼人心的影帶，或翻印慈濟書籍轉贈他人，是否可以？

答：要看情形。錄影帶的部分，如只是特定活動需要用到，則借去播放而不是拷貝，這是樂觀其成，也感恩好人好事多分享。書籍部分，雖說這些好書、好帶子，廣泛流傳是很好，但我們還是要尊重著作權及智慧財產權。如果以廣結善緣為藉口，要將好書大量翻印，那書店裡那麼多好書都被大量翻印，作者的智慧財產權焉得保障，文化秩序豈不大亂？當然，如果擁有版權的作者或出版單位願意無條件讓人大量翻印，那是另一種情況，各有各的做法，必須彼此互相尊重。

二十六

問：我是一位基督教徒，我的一位朋友是其他教徒，如果我們要加入慈濟當志工，這樣會不會不適合？需要如何表現自己呢？因為慈濟是佛教團體。

答：慈濟雖是佛教背景，但四大志業八大法印的濟世志業，卻是超越宗教、超越種族、超越國界。它是傳法而不傳教，也不強調誦經做法會，它注重的是「依經入道，以解導行」，將所學正信佛法及經中義理融入日常生活中，藉佛法生活化而昇華為生活的智慧，此學習方式就叫做「行經」。上人說：「在慈濟裡看不見明顯的佛法。」蓋因佛法與生活全然結合，因此不同宗教的有心人要投入做慈濟，不會有宗教上的敏感性。印尼是回教國，許多印尼志工投入慈濟活動，其中有不少的回教徒志工已受證為慈濟委員；菲律賓是天主教國，也有許多天主教徒志工受證為慈濟委員；海地的本土志工也都是天主教徒，因地震因緣加入慈濟當志工，至今也有人已受證委員；非洲目前有六個國家有慈濟志工，包括南非、莫三比克、辛巴威、賴索托、史瓦濟蘭及波札那等為數眾多的黑人志工，他們都不是佛教徒，且自己也十分貧窮，但紛紛以貧濟貧，投入造福人群的行列，多年來其中有些已受證為慈濟委員。此外，馬來西亞慈濟義診中心裡，有回教及印度教的醫師投入，新加坡慈濟義診中心的排班醫師有許多人是基督徒。慈濟土耳其負責人是回教徒，這也不影響他在當地協助回教難民的工作。約旦慈濟的負責人是佛教徒，但經常在胡笙國王的肯定與認同之下，進行敘利亞回教難民的關懷行動，至今還在持續。所以，只要有心，無論任何宗教的任何人都可以加入慈濟當志工，去做造福人群、回饋社會工作。

二十七

問：難道不參與慈濟就不能做好人、做好事嗎？一個人如果平時就在做好人、做好事，他不參加慈濟也無妨吧？

答：參加慈濟不只是要來行善，還要學習用智慧行善；參加慈濟也不只是要來學做好人，還要學如何好好做人。學做好人是慈悲；學好好做人是智慧。學佛做慈濟是要無相修福也無相修慧，這樣才能修得清淨的福報與智慧。只是做好人比較容易，但要做一個有原則、有勇氣及有智慧的好人就不易，否則只是「婦人之仁」或「好仁不好學」，這樣變成鄉愿了。孔子說：「鄉愿，德之賊也。」意思就是一個分不清是非對錯的濫好人，其實也是敗壞道德風氣的人。所以，如何避免好心做錯事，或避免用心在不正確的事情上面，這個就要讓自己投入人群中去藉人與事來增長自己的智慧。人群中充滿眾生習氣與人我是非，這些都是讓我們反觀自照的學習境界，如只是自己在做卻不入人群，就如只是獨處自修，卻不會群聚共修，這樣就無法廣結眾生緣了，也就是學佛只學了一半。大乘佛法的精神是不能獨善其身，或獨修自覺當自了漢，必須自覺覺他、自度度他，不但自利，也須兼利他人，否則就會修而無證。這個「證」跟信、解、行、證的「證」一樣，都是指須入人群去印證。未經入人群去行動的悟還不能叫做徹悟，若要「徹悟」就必須內修「信解」，外行「行證」，信解行證都做到了，才是圓滿了學佛的次第，中間的「證」就是臨門一腳，才會大功告成。所以，上人才說：「離開人群就沒有什麼法好修了。」學佛不能閉門造車，要走出自己知識的象牙塔，才有可能進入智慧的靈山塔。自己做好人做好事也做得很歡喜，甚至也做得沒煩惱，這已經很不簡單，然而即使做到了也還不夠，還須接引別人一起來做，並陪伴他、教導他，也讓他做得很歡喜沒煩惱，這樣才是大乘佛法。慈濟是入人群的菩薩道法門，強調「行宗門方便，入法脈真實」，不但要做入世的事情，還須用出世的精神。入世的事情就是慈濟宗門，出世的精神就是靜思法脈，兩者至理不

二、雙軌並行，堪稱福慧雙修，也才是由方便中探求真實。

二十八

問：今生今世所扮演的角色是前生前世寫好的劇本，那麼今生今世要如何寫來生來世的劇本呢？

答：今生今世如果扮演的是一個幸福快樂的角色，則代表前世寫好了幸福快樂的劇本。前世種下了好命的因，今世就是扮演好命的角色。同理，此生如果行善造福、廣結善緣，則善業偏多，來生就是扮演善男子、善女人的角色。反之，此生作惡多端或折福造業，則來生就要扮演命運乖戾、人生坎坷的角色。所以，此生此世所累積的一切業力造作，就是在為來生寫劇本，這就是因緣果報觀。劇本是「因」，角色是「果」，要得什麼樣的果，就要種什麼樣的因。同理，要演什麼角色，就要先寫出什麼樣的劇本。一旦拿到劇本，不論角色如何，我們唯有盡心稱職地去扮演好自己的角色。劇本好，還要用心把它演好，用心演好就是繼續為來世寫好另一齣好的劇本；劇本不好，更要靠演技把它演得精彩，演戲雖非真，但借假修真，假久也會成真。劇本無論好壞，演完之後，不論掌聲多少，拍拍手恬淡下臺，也不必驀然回首，這就是「人生如戲，戲如人生」——戲演久了就像人生，人生久了，那也只不過是一齣戲。其實，臺上演戲是假，臺下人生是真，若無臺下的真，哪來臺上的假？所以，哪一個是真？哪一個是假？假假真真，真真假假，無真不成假，無假不成真。若能明心見性，則非真非假、非妄非真，兩者不是兩樣，此為入不二法門。

二十九

問：總感覺自己很徬徨無助，不知道未來的人生方向在哪裡？我要如何找到人生的方向與目標？

答：《靜思語》說：「人可以忙忙碌碌過日子，但不要庸庸碌碌過一生。」這是告訴我們日子再怎麼忙碌，方向及目標都要正確無誤，否則忙到最後會空忙一場、虛度一生。徬徨無助或惶恐擔憂，多少與「無知」有關。「無知」不是指沒知識或沒常識，而是指對未來的狀況不了解或不清楚，不知何去何從，甚至不知為何辛苦為何忙，這就是懵懵懂懂、渾渾噩噩，這樣也容易造成恐懼與害怕，所以「怕」字就是「心中一片空白」。「不知道未來的人生方向在哪裡」，猶如身處暗室，找不到指引的曙光，然而「千年暗室，一燈能明」，這必須先做到「心靈暗室，一念能明」，才有可能轉迷成悟、化暗為明。造成無明的原因是心中沒有法。心中沒有法的人亦即心中沒有主人、沒有主宰，這樣的人遇事自己會做不了主，容易六神無主、無所適從、不知所措、自亂陣腳。學佛之路必須先懂得內觀自省、檢討自己，了解自己的個性、性向、興趣、專長及自己的優缺點等等，這是「自知者明」，是明明白白的人。「知己」之後再「知彼」，先探索自己的問題所在，再求教於有正知正見的善知識，只要問對問題也問對人，正確答案就出來了，人生之路也是如此。所以，自己要懂得修練正信的法門，也要懂得親近善知識，只要能「德不孤」，則「必有鄰」，必會有貴人相助，如此自然不會對人生感到徬徨無助，只要能「自覺而不自迷」，就能明明確確定位生活的目標、清清楚楚規劃自己的人生。

三十

問：有會員在問，如果有一天上人不在了，慈濟怎麼辦？

答：印順導師曾為此開示說道：「路總是要有人開出來，有人開路就有人走路；路破洞了，自然有人會補路。」佛陀時代，有一次外道向舍利佛提出種種質問。他們問舍利佛：「請問如來以後有沒有生死？還是以後沒有生死？或不是有生死？也不是沒有生死？」舍利佛回答外道：「唯有這個問題，不能說如來會怎樣。」這樣回答，外道當然是不滿意。所以外道就譏諷舍利佛：「這幾個問題都回答不出來的人，怎麼敢稱是佛教教團的上座？所謂智慧第一，恰如嬰兒一般。」舍利佛回去後把外道所問的問題告訴大迦葉，他問大迦葉：「尊者大迦葉！佛陀為什麼對外道們所提生死的問題，不曾給過解答呢？」大迦葉即刻回答，說道：「如來的愛執已盡，心無煩惱而永遠解脫，他的證悟甚深廣大，不能以迷情的四句話所能提問，也不能以言詞回答。唯有這個問題不應問，所以如來不給解釋。」換句話說就是「不可說！不可說！」大迦葉對於智慧第一的舍利佛所提問的這種大問題，能夠及時以睿智回答，可見大迦葉的修道是如何的深遠。兩千五百年前，佛陀涅盤了、佛陀不在了，可是至今正信佛法依然興盛。人人心中有佛，則佛陀的法身慧命與我們同在，佛陀也沒有指定任何接班人，然而現今佛弟子卻遍布各山林。佛陀即將入滅之前，佛弟子們公推阿難向佛陀做最後請益：「佛陀涅槃後，以誰為師？以何為安住？惡人如何調伏？經典的結集，如何令人起信？」佛陀慈祥回答：「你們應以戒為師；依四念處安住；遇到惡人時，默擯置之；經首安立『如是我聞』，就叫人起信。」這樣的開示很值得我們深思。總而言之，現在上人住世，自己就要趕快把握因緣、精進聞法，只要心中有佛、行中有法，將來上人不在，我們自會知道怎麼辦。現在上人還在，你卻不來也不在，將來上人在不在其實跟你也沒什麼關係，說不定我們比上人還早走。

三十一

問：慈濟志業日漸龐大，慈濟人也愈來愈多，如果哪一天世界真的達到了上人的願——人心淨化、社會祥和、天下無災難，那麼世界各地眾多慈濟人，還有什麼事情可做？

答：「人心淨化、社會祥和、天下無災難」，是上人的宏願，就如地藏王菩薩「地獄不空，誓不成佛」的大願一般。地藏菩薩發願要入地獄去度盡苦難眾生，且「眾生度盡，方證菩提」。上人則發願：「世間沒有淨化的一天，就永無休息的一天。」所以上人企盼全球慈濟人能立願推行，期許慈濟人要在眾生入三惡道之前，先做好「自覺覺他、自度度人」的人心導正工作。上人的宏願似乎與地藏王菩薩的大願是殊途同歸，此即「虛空有盡，我願無窮」，如此大願是生生世世、永無止盡。慈濟志業日漸蓬勃，在全球五十幾個國家的五百多個據點開枝散葉，參與慈濟的志工愈來愈多，這是以善導善而讓善業聚集，成為淨化人心的一股清流，更是膚慰苦難的一股力量。不過，比起全球人口增加、人心汙染的速度，以及災難發生的頻率，慈濟志業及志工的成長還是太慢，因此上人預見未來的因緣而苦口婆心警惕大家「來不及！來不及！」就是惕勵慈濟人必須把握因緣進行菩薩大招生。先不要管將來「人心淨化、社會祥和、天下無災難」之後，我們還有什麼事情可做？因為「未來心不可得」。應該要提醒自己：現在人心尚未淨化，社會尚未祥和，天下還有那麼多的天災人禍，此時此刻我們還有許多當務之急，包括自己滿身凡夫的習氣、冥頑不靈的個性、剛愎自用的任性、狹隘無情的心胸，以及揮之不去的無明煩惱等等，這些都需要把握當下趕快去修正，去付出、去調整、去消除，趕快去做。所以，想過去是雜念，想未來是妄想，唯有把握當下、把握因緣，這樣才是務實，才是智慧。

三十二

問：未婚志工在承擔一段時間後結婚，但結婚後很少來慈濟，這是什麼原因？

答：有緣人終成眷屬，這也是宿世因緣，因緣既是如此也須以平常心隨順不逆，並給予祝福。然不可否認的，結婚甚或生子之後，會對修行之路有或多或少的阻礙，蓋因家有家業，事有事業，都是一種業力。不過，有許多人結婚之後有更好的因緣，有者夫妻互相同修，或親子之間互相成就。有的人則是本來未婚時是一人做慈濟，結婚後變成慈濟道侶，生兒育女之後，變成菩薩家庭。有者三代皆投入慈濟，成為慈濟家族。要不要來投入慈濟入人群是取決於自己的一念心，以及有沒有好因緣。有者婚後更投入，有者單身未婚也無心要來。所以，因緣能否成就都是因人而異。

三十三

問：要怎樣做才是上人的好弟子？慈濟人跟慈濟的人有何不同？

答：佛陀曾對弟子們開示：「佛子離吾數千里，憶念吾戒，必得道果；在吾左右，雖常見吾，不順吾戒，終不得道。」佛陀也曾教誨阿難而說道：「阿難！汝當自為洲，汝當自歸依，勿他歸依，當以法為師，以法為依歸。」以上這兩句鞭僻入裡的開示，清楚告訴我們，學佛當「以戒為師」、「以法為師」，是自歸依，不是他歸依，要將戒法奉為圭臬，並視為學佛的最高指導原則。能守住戒法，就不會落入「貼身子不貼心，貼心弟子在他方」的境地。要做一位佛弟子或上人的弟子，首先要能攝受戒法，心中有戒，行中有法，如此才能與佛相應、與師相應。因此，不必在意有無佛指舍利或佛牙舍利，而是法身舍利，也就是佛陀的身教與言教，這是佛陀留給我們最大的資產，上人亦同。以慈濟法門來講，要做一個能聞法、說法、傳法與用法的靜思弟子，其精神與思想層面是「佛心師志、一心一志」，實踐與力行層面是「依教奉行、歡喜信受」。精神與思想層面是屬於靜思法脈的領域；實踐與力行層面是屬於宗門的領域。法脈必須融入宗門，宗門不能缺少法脈。法脈須透過人來體現，而人所做也須印證法脈。佛法雖強調「依法不依人」，然而靜思法脈仍須透過上人的體現來教化眾生，所以依人也是很重要，就如到學校讀書也要有好的老師教導，道理是一樣。「依法」是依一乘真實法；「依人」是依權實並演的上人。所以，教師很重要，教法更重要，兩者須不偏不倚，依中道而行。投入慈濟菩薩道不能只做自己喜歡做的事情，而是要做上人要我們做的事情，這樣才是如法的「尊師重道，依教奉行」，否則就是不如法的「一意孤行，獨斷獨行」。「慈濟人」是：一心一志追隨上人，奉行一乘真實法，福慧雙修的修行人。「慈濟的人」是：雖認同慈濟與上人，但僅能隨興、隨喜、隨緣給予配合的人。所以，要自勉做慈濟人，不要做慈濟的人。

三十四

問：我們慶幸自己有福報，也感恩自己是幸福快樂的人生，因為世界上還有很多人比起我們，他們是很不幸、很痛苦。有這樣的心念，是否意味著我們將自己的快樂建築在別人的痛苦上？

答：苦難的人不是因為我們很感恩或很幸福，才造成他們的苦難，也不會我們愈感恩或愈幸福，他們就愈不幸、愈痛苦，這是兩碼子事。人會苦，是因為免不了有生、老、病、死、愛別離、怨憎會、求不得及五蘊熾盛等等苦，修練佛法從「四聖諦」的苦、集、滅、道開始修起，就是要用智慧找出憂悲苦惱的源起而加以對治。有苦果必有苦因，菩薩畏因，凡夫畏果，必須從因下手，才是對症下藥。我們會感覺很有福，也很好命，那是因為我們在過去生有種下好命的因，且見到別人的苦之後能見苦知福，想到還有人這麼苦，或看到還有人比我們更苦，自己會更加懂得知足、知福與感恩。然而，如自己目前是處在順遂的環境裡，這並不代表人生永遠都是萬事如意的，因為世事無常難預料。如果身心久不修練，一旦苦境現前，可能也會因心靈軟弱無力而無法了苦。自認自己現在很有福報，就要繼續勤植來世福，這樣才會福報綿延，愈來愈好命。一旦能體會人生是苦，了解苦是來自因緣果報而以苦為師，從中吃苦了苦、苦盡甘來，也能啟發良知、發揮良能，這樣就是藉別人的境，修自己的心，才是一個懂得隨處養心的人。

三十五

問：常常給了人家諾言，但都無法實現，這該怎麼辦？

答：此猶如常常開給人家支票，但張張都是退票，這是信用破產。事業破產，還有可能東山再起；信用破產，則一生破產。凡夫性是：感動的時候容易就說出發願的話；無明的時候容易忘記承諾的話。給人諾言但都無法實現，這叫做「輕然諾」，久而久之，人家就會把我們的諾言當做戲言。孔子說：「民無信則不立」，佛家也說：「信為道源功德母」，誠信是立人之本、是交友之道、是經商之魂，誠信更是心靈良藥，因為它會讓我們誠正信實、問心無愧。一個人若失去誠信，要做人處世、立足社會，就十分困難了。一個人若不能言而有信、言出必行，就不會被人信任，造成處處被人懷疑。失信之人，人人不願與之親近，那是人格與尊嚴的喪失，也會是不幸的人生，所以我們都必須學習「重然諾」。靜思語說：「人性之美莫過於誠，人性之貴莫過於信。」這是教育我們做人處事的誠信之道。還有一種人則是不敢承諾，他們很害怕承諾，擔心一旦承諾，就要開始承擔，會被綑綁而失去自由。其實不敢承諾又不敢承擔才會把自己綁得緊緊、痛苦異常。因為不敢承諾的人比較不敢發願，當願大力量才會大，沒有願當然只有靠筋骨的力量，而不是心靈的力量。不敢承擔的人因為不敢付出，所以很難成長，這樣我們的潛能永遠卡在那裡，這才是真正的失去自由。

三十六

問：「人性本善」及「人性本惡」哪一個才正確？我感到疑惑，因為曾聽人說：人性本屬惡，須後天的教育來使其轉善。您的見解如何？

答：《三字經》的第一句話就是「人之初，性本善」，強調人之不善都是後天學壞的，而之所以會學到壞的習氣，是因為「性相近，習相遠」，即「近朱者赤，近墨者黑」。相反的，荀子主張人性本惡，認為人之所以為善，是因為後天的教化及啟發，慢慢培養而成。而與孟子同年代的告子，主張人性不善不惡，認為人就像一塊木頭，用圓規去量可以做成圓木，用矩去量可以做成方木。而墨子也是如此主張，認為人如一塊白布，用紅色去染變成紅布，用黑色去染變成黑布，人性無所謂善惡，都是後天的染著而變化。所以，不同的學說與思想，從古至今，中外皆如此——眾說紛紜，爭論不完。《華嚴經》有云：「人人本具智慧與德相，然皆因妄想與執著而不可證得。」佛家相信人人本具佛性，然皆因後天環境之影響，而讓原本清淨的心鏡蒙塵汙染。依此說來，應是「人之初，性本善」，而佛陀更說：「心、佛、眾生，三無差別。」強調眾生皆可成佛。佛是覺悟的眾生，眾生是未覺悟的佛。因此，如有人覺得「人性本惡」，則就要「未生惡令不生，已生惡令斷」；如覺得「人性本善」，則就要「未生善令生，已生善令增長」。這樣說來，到底是「人性本善」，還是「人性本惡」對我們來說已不是很重要，重要的是我們有否「諸惡莫作，眾善奉行」。

三十七

問：您是事業有成，賺夠了也享受過了，才能放下來當志工。我們年輕人現在要全心念書，將來畢業出社會後還要努力賺錢，這樣要怎麼當志工？

答：求學中的人，讀書就是自己的本分事；成家立業的人，賺錢養家就是自己的本分事；在家居士要護持三寶、鞏固三寶，這是居士的本分事；出家修行的人，普度眾生、救苦救難、弘揚佛法及住持三寶就是他的本分事。能做好自己本分事的人就是有本事的人，但這還只是獨善其身，如能將自己所學的或所賺的拿出來「與人分享」，則就是我們所說的：人生最大的意義不是「據為己有」或「自己享有」，而是「與人分享」，這是付出後心靈的喜悅，這樣就是在廣結眾生緣。並不是有財富或有名望的人都能與人分享，或能看開放下，這是為何有些人很有錢但很不快樂的原因，或很富有但不一定受人敬重。生命中不能任何事都用錢來衡量，錢雖重要，但不是唯一重要，《靜思語》說：「有錢可買大時鐘，但卻難買一秒鐘。」俗語也說：「有錢可買水晶床，但卻難買好睡眠。」更何況「萬般帶不去，唯有業隨身」。為生活而忙，是為了解決物質生活，雖是重要，但卻無奈。為工作或為理想而忙，是為了充實精神生活，提升自己的心智，那是歡喜自在的人生，這不必等到念完書或賺夠錢才來做，只要彼此兼顧、同步進行，現在就能立即實現。人可以忙忙碌碌過日子，但千萬不要庸庸碌碌過一生。要為享受物質生活而工作，還是要為提升精神與充實性靈而生活？要懵懵懂懂地醉生夢死，或了了分明地了生脫死？一個是無奈，一個是自在，你要問自己，智慧的選擇是哪一個？

三十八

問：請問您是如何完全放下事業，全心全意做慈濟？

答：無論是投入十分事業，或是只投入一分事業，其實所須面對的煩惱同樣是十分，此乃事業是「有所求」，有所求就有患得患失之苦。結束事業的那年，出口訂單很多、生意很好、工廠很忙，然而卻讓我體會入工廠猶如入地獄一般，因此開始起心動念問自己，要這樣忙忙碌碌、庸庸碌碌做錢的奴隸過一生嗎？然而，志業則不同，做慈濟是修行，修行講因緣，緣生就把握當下，緣滅則看開放下；緣生就歡迎你來，緣滅便目送你去，做得到就是「來去自如」。佛法講隨順因緣，因為有隨緣的空間，所以承擔志業雖有責任，但不會有壓力與煩惱，這樣就是隨緣自在。在投入事業時，商場如戰場，發覺自己不能做到「普天三無」中「普天之下沒有我不信任的人」，因此用心思考，不讓區區一分的事業來阻礙修行的道路，造成身心不能輕安。所以，開始著手規畫逐漸放下事業，而欲深入及投入志業，這跟許多人要放下煩惱、埋怨、憂愁而投入學佛一樣，都是走入修行的緣起，也是慧命啟發的蛻變過程。就好比燒開水，已經加溫至九十八或九十九度，再多加把勁就能讓它沸騰，成就一件事。我們都是通過自修、共修、清修，進而漸修，方能頓悟，如同足球比賽的臨門一腳雖是得分之鑰，但過程中的醞釀與鋪陳才是達致成功的關鍵。這是令性靈與精神提升的生涯規畫，也是轉換生命入慧命的跑道，早起步則早日離苦得樂，不趕快目標定位，便會人生迷茫不知何處是歸程。「苦海無邊」不是意味人生註定是一條苦不完的道路，這是對不肯回頭的人而說，只要肯回頭，則「回頭是岸」，這是轉個念頭的一念之間。然而，即使用心規畫，也須福德因緣具足，才能成就心願。只要找到路不怕路遙遠，站在路中央比走到目標更辛苦。所以，須及早做準備，一旦準備好了，機會自然會留給準備好的人。

三十九

問：繼續賺錢再把賺到的錢捐出去，這跟結束工廠並捐給慈濟，有何不同？

答：這應該是在講末學的例子。繼續賺錢表示仍須在「事」的「業」裡載浮載沉，不是為名即是為利，那也是「貪慾」，是所有煩惱的根源。而且，事業愈大其所耗損之地球資源也愈多，所造之業也愈大，所以上人經常提醒企業家們「事大業就大」，道理在此。賺錢不是想賺就賺得到，有些人沒有福報，所以再怎麼努力也是賺不到。有些人是賺了錢但很不快樂，雖說有些人是賺了錢也很快樂，但還是屬於快樂之中夾雜著苦惱，謂之「欲樂之苦」。「富而不智則衰」的意思是說，只是有錢但缺智慧，終有一天會衰敗下去，這在現今社會中是屢見不鮮。所以，急流勇退、見好就收而結束事業，這不是臨時起意，而是從長計議，是透徹人生之後轉換人生的跑道，從心起飛。其實，一般人說「創業不易，守成維艱」，嚴格說來應該是「創業不易，結業維艱」。要終結「事」的「業」不容易，不但要福德因緣具足，更須天時、地利、人和，所以這是人生一大事因緣。佛法用四個字來解釋就是「看開」、「放下」，用一個字來簡述就是「捨」。主動放下跟被迫放下都是放下，但一個是智慧，一個是無奈，學習正信的佛法智慧，就是要用在人生的關鍵時刻。然而，並不是說做慈濟就須人人放下事業，而是提醒我們須及早認清生命的價值，並及早定位人生的目標，尤其接觸正信佛法更須把握因緣與把握當下。

四十

問：人很容易在忙碌的生活中迷失自己，要怎樣才能讓自己不迷失？

答：人不怕忙，只怕煩。怕的是身忙心也盲，因忙碌而盲目，造成在努力中迷失方向，甚至愈精進愈偏離正道。精進的人一定會很忙碌，忙碌的人不一定就是精進。「精」是不雜，「進」是不退，忙碌則不一定是如此。精進是好事，忙碌則要看是為何而忙，頭腦如果不清楚，四肢再怎麼靈活也是沒用，反而會苦了手腳，看似手忙腳亂，實則頭腦先亂。然而，雖說精進是好事，但如果身體精進而心不入法，這樣也會努力跑錯方向，謂之「身體很精進，心靈不清淨」。因此，忙碌的生活中仍須時時確保能有效導正忙碌的方向，以飛機輪船來講是導航器，以慈濟法門來講就是「法源」。心有正法，則行在正道；心無正法，則落入外道。忙碌的生活中，若要行事不偏不倚，就要入中道實相，而其法源就是「靜思晨語」跟「人間菩提」。若要人生不迷失，人生的目標就要精準定位，也就是生命價值觀及核心價值必須是正知正見，如同不但要有導航器，且導航器需要處於正常運作才可，否則機件故障產生誤導更是造成危機。此也猶如雖有聞法，但卻「深著虛妄法，堅受不可捨」，簡言之就是深著我見，這樣也會正法難入。要建立正確的知見就要懂得親近善知識、修練真實法，同時也要打開心門。親近善士是入慈濟宗門，修練正法是入靜思法脈，兩者合一就是將凡夫事變成天下理。這種基本概念也是基本的功課，要先做得到，才能有效導正人生的方向。就如打籃球一樣，基本動作先學會了，才能繼續學習高難度的妙傳。佛法的八正道可以協助我們走向人生的真實之道，所以才說「助道品」。只要心有正道、行在中道，依中庸之道而行，人生再怎麼忙碌也不會迷失方向。

四十一

問：心存善念，待人以誠，是做人處世的態度，但在複雜的社會裡，有時候心地好反而被欺負，或被人看不順眼，甚至被利用，這是怎麼回事？

答：被欺負、被利用或被人看不順眼，這不是因為心地好的關係，而是與別人緣結得不好，是非道理要釐清楚，不能混為一談。心地好，代表慈悲，慈悲還要有智慧，否則就變成「婦人之仁」，或變成是非分不清的好人，謂之「鄉愿」。《靜思語》也說：「心好但嘴巴脾氣不好，這樣也不能叫做好人。」蓋因這樣的人是刀子嘴豆腐心，也很容易因聲色不好而容易跟人結惡緣。今世障礙我們的惡緣多一點，代表我們過去所結善緣少了一點。同理，今世的善緣多結一點，將來被障礙的惡緣就會少一點。所以，生活中是否有好人緣跟自己有否廣結善緣也是息息相關，而要廣結善緣也不只是心存善念或待人以誠而已，這樣只是內修「啟悲」而已，還要外行「入群」。有些人雖心存善念、待人以誠，但個性耿直，有話直說、心直口快，這樣也是會讓人聽了不舒服。有些人雖心存善念、待人以誠，但剛愎自用、個性固執，這樣在團體中與人共事也會是讓人困擾。有些人心地善良、待人以誠，但就如孔子所說的「好仁不好學，其蔽也愚。」，雖很愛做好事，但學習不夠而常常好心做錯事，這樣也會美中不足。好人很多，但有智慧的好人就不多；很多人會做好事，但能用智慧做好事的就不多。做人處事能做到「隨方就圓」已經不容易，但還須繼續學習「外圓內方」，這樣才是圓融與原則兼具。好心反而被利用，如果是用在利益人群的好事上，則感恩被重用；如果是用在滿足對方的貪念與邪念，或用在不如法甚至是違法之事上，則是自己欠智慧。

四十二

問：一再地包容，一再地原諒，會不會造成縱容？這樣是否會只有自己在成長，而別人沒有成長？

答：別人有沒有成長，那是別人的事情；自己有沒有成長，則自己要有自知之明。上人曾開示問道：「父母會原諒自己的孩子幾次？」大部分的人會回答無數次，而上人的普天三無之一就是「普天下沒有我不原諒的人」。別人做錯事，我們不原諒也不會讓事情有所轉圜或改善，相反的，選擇原諒別人才是善待自己。所以，心量寬大則永遠是包容，心量不足才會感覺是在縱容。先顧好自己的悲心與慧命，有了「心得」與「心德」，並能廣結眾生緣，才能行有餘力，隨緣應機度化身邊的朋友。

四十三

問：雖然很努力改變，但還是被人排斥或看不起，為什麼？

答：可能我們改變得還不夠、還不好，還要嚴以律己、自我鞭策，繼續努力。如只是被一兩個人看不起或看不順眼，這有可能是別人的問題，但如果到處都被人瞧不起，那就要自我反省及自我警惕了，很可能是自己的問題。是否我們的習氣深重而予人困擾？是否我們行事不夠圓融而不經意地得罪別人？是否我們態度強硬而予人反感？是否講話直言直語而令人難堪？

我們常常稍一不慎顯露習氣而難與人結好緣卻不自知，所以須常常下反觀自照的功夫。孔子說：「君子求諸己，小人求諸人。」意指要檢討自己，不是埋怨別人。照理講，人家正在努力改變、改善或正在行善，我們理應歡喜讚歎，給予鼓勵，而不是質疑、忌妒，甚至是看輕別人。但是，無法改變別人的時候，我們也只好先改變自己、充實自己。被人看不起沒有關係，自己一定要看得起自己，因為每一個人都是獨特的、唯一的，每一個人也都要依自己的條件去走出自己人生的康莊大道。自己如果都看不起自己，則沒有人會看得起我們，所以不可自暴自棄，更不可妄自菲薄，人生最大的敵人就是自己。上人說：「小乘法眼是只獨修、獨覺，不敢接觸人群，所以眼光短小。大乘法眼是無生法忍，要行六度『忍』，能看透、看通眾生的無明煩惱，也要能看得開、忍得了被人蹧蹋、凌遲，這樣才是功夫了得。」所以修道過程中，連被人蹧蹋、凌遲都要能忍得住，何況只是被人看不起而已。懂得修忍辱的人，才有激發潛能、啟發智慧的機會，修忍辱更能得到相好的果。要忍一時爭千秋，忍一口氣海闊天空，爭一口氣禍事臨頭，不但要感恩看不起我們的人，還要再積極與人廣結善緣。

四十四

問：我常覺得自己很令人討厭，生活中總感覺事事很不如意，原因何在？

答：人生本來就是不如意之事十常八九，所以才要提醒自己「常想一二」，這是警惕自己要懂得轉念。佛法也提醒我們娑婆世界是個堪忍的世界，所以才要修練「無生法忍」，這是警惕自己要懂得忍辱。佛法如果不是建立在苦、空、無常、無我之上，佛法就沒什麼好修了；佛法如果缺少煩惱、挫折、逆境、汙濁等等，佛法就不能產生了。《靜思語》有云：「以佛心看人，人人是佛；以鬼心看人，人人是鬼。」這是指「看人」的人而言。現在你是自認為「被人看」不順眼，也自看不順眼，這需要自己趕快下自我反省及自我檢視的工夫，因為這樣下去會摧殘自己的自信心。如做不到曾子的「一日三省吾身」，至少也須做到三日一省吾身，自己深觀自省，幫別人做事有沒有虛應一應的心態？和朋友交往有沒有不誠信的地方？先進前輩傳授給我們的經驗或心得，我們有沒有虛心受教、謙卑學習？這是曾子教誨我們三個自省的功課：「為人謀而不忠乎？與朋友交而不信乎？傳不習乎？」如自認是問心無愧，卻仍被人看了討厭，這表示我們「人緣」不好，也就是人際關係不好。人緣或人際關係不好，這跟自己尚有不良的「習氣」或「脾氣」有關，所以要積極改變不良的生活習慣與行事觀念。若言行舉止與舉手投足漸有改善，甚至以佛法來淨化自己、改變自己，慢慢地讓人看了心生歡喜，我們就是一個有人緣的人，生活周遭盡是好緣相聚，自然而然就會一切自在如意。

四十五

問：一些地方發生邪教活動，經常散布邪知邪見，慈濟是個正信的佛教團體，對邪教活動有何看法？雖知是不正知見，卻還是有一些人樂於參與，這是為何呢？

答：迷信不如不信，不信不如正信。迷信都已經很不好了，何況是邪信。宗教有許多種，有正信的、迷信的、邪信的，也有無神論者。慈濟是一個正信與智信的佛教團體，強調的是要有正確的人生觀及生命價值觀。其精神宗旨是不為自身求安樂，但願眾生得離苦；其核心價值是不但要走入人群，也不忘深入經藏，這是一乘真實法修福修慧的精神理念與思想體系。所以，它強調的不只是慈悲，而也必須有分別正邪的智慧。只要心中種下強力的正念，一旦碰到知見不正的言論時，自然能以正知正見去以正破邪。相反的心無正念與正信，則易與邪知邪見相呼應，此乃頻率相通之故。迷信或邪信的信仰以怪力亂神、談玄說妙、穿鑿附會，以及夜叉邪魔、譁眾取寵的邪知邪見來蠱惑人心，心無正念及智慧不足者，極易認賊為父而誤入歧途。

菩薩道強調手做好事、腳走好路、身行好事、心存好意，將正信佛法所蘊藏的智慧落實在日常生活及人群中，從而改變自己，再以此身教去感化別人，這就是自度度他的大乘佛法精神。正信與智信的佛法能清淨人心、開啟智慧，有了智慧，自然能明辨是非，判斷真假、分別善惡，洞察虛實，這就是上人所說的「入實智，即能見實相」。總而言之，讓自己時時保持心正氣盛、心誠意正、心開意解、心寬念純，則不但不會被邪教及迷信所蠱惑，甚至能讓已誤入歧途者棄邪歸正。

四十六

問：我觀賞了幾部慈濟的國際賑災影片，看到世界上還有很多人很貧窮、很苦難，就感覺自己很幸福。但看到有人比我更發達、更富有時，又覺得自己擁有的還不夠，人生是否都是如此矛盾？

答：不是人生矛盾，是自己的心念矛盾。凡夫心起起伏伏、反反覆覆，人心更是生、住、異、滅循環不已，所以學佛就是希望能轉凡入聖、轉迷成悟，期許自己「心悟轉萬境」，而不要「心迷萬境轉」。物質要比下有餘就好，不要比上不足，精神則要比上不足，不要比下有餘。人如果事事一直要往上比，就會有比上不足的痛苦，真的要比就比智慧，因為幸福快樂不是擁有名利與財富，而是擁有智慧與真理。心存正念很重要，人如果一直活在比較跟計較之中，人生就會苦不完，所以《靜思語》才說：「心迷就會苦，心悟就自在。」看到苦難的情景，就起了知足之心，這是見苦知福、良知啟發。

然而，看到別人比自己富有，卻又生起不足之心，這是道心不堅固、信念不堅定之故，這可從薰法香的聞法中去以法入心做改善。心中常常是善惡拔河、正邪交戰，這也是一種「心苦」，這需要從「親近善士」與「修練正法」做起。前者是外行，後者是內修，兩者具足就是如來真實義。

四十七

問：難道是為眾生服務才是智慧的選擇？在企業界裡賺錢過富裕的生活，就不算是智慧的選擇？

答：物慾有時候看似肉體的天堂，但卻也是心靈的地獄。人為了賺錢而犧牲健康，然後因為擔心未來而無法享受現在，就這樣無法活在當下。活的時候，忘了生命是短暫的；死的時候，才發現從來沒有好好地活著，這就是凡夫。富裕的生活是指外在的物質生活很豐富，但這並不代表內在的心靈很充實。缺少了以心靈為內涵的物質生活，就如鍍金的飾品，外表是光鮮亮麗，實則沒有什麼價值。況且，賺錢過富裕的生活是為自己的私慾與享受，為眾生服務則是造福人群、自利利他，兩者的心態與格局是截然不同，一個是為私，一個是為公。為自己享受雖不能說是有錯，但因緣果報告訴我們，現在的享福之人必是過去有造福之人，若要未來也是有福，現在就必須知福、惜福、再造福，這樣才有可能福報綿延不斷。企業家為了私利而大肆開發耗盡地球資源，是造成現今大氣層破壞及氣候變遷與溫室效應的主因之一，此外，人類為了極盡享受奢華的物質生活而過度消耗能源，也是造成大地反撲形成災難頻傳的禍首。有錢的人如能再用智慧去回饋社會、服務人群，這是「福智圓滿」，也就是「富中之富」。然而，「富而不智則衰」及「富而不驕」或「富而無貴」都是值得我們深自惕厲的至理名言。

四十八

問：我如何向大德說明慈濟會務運作的透明度？

答：如果是說決策的透明度，則慈濟人追隨上人為慧命導師而依教奉行，上人有其眾生緣與德行，才能廣邀天下有緣人，在全球救援了九十幾個國家與地區，也在五十幾個國家的五百多個據點共同推動濟貧教富的濟世志業。中間當然有無數推動志業的大小決策，然而既是正信正念的修行團體，則不論如何決策，仍不離法脈與宗門的權實並重，如此才能確保有為不離無為，悉令一切如法。因此，所有志業的會務推動與決策皆是以法為師、以法為依歸，其中自有其清規戒律、精神理念與思想體系，如此「宗門權教入法脈實智」，過程自然是清澈透明，這就是決策思惟的理念基礎。至於財務的透明度，則其基本精神是「誠正信實、專款專用」，不同國家則更是共同秉持「取之當地，用之當地」及「自力更生，就地取材」，這是上人對海外慈濟據點的教誨，不但透明，而且清楚。總而言之，只是用嘴巴去說明，還無法讓人感覺很透明，想要看得很透明，就要邀大家一齊多投入、多深入，做得愈多就愈會了解，投入得愈深入就會愈有體會，時間久了，自然而然就會「心知肚明，不說自明」。

四十九

問：如捐款者是以非正業的錢財捐給慈濟，是否可以接受？

答：如果此非正業是祖傳的事業，沒有選擇的餘地，或暫時不得不參與其事給予協助，在此情況下，尚有一念布施之心，也是屬於難得，此時人家要捐錢做好事，我們當成就其善行。不過，究竟之道乃是勸其改行、改業。一邊造業，一邊造福，仍屬有漏之功德，雖說比不造福來得好，但如能先止惡防非，再行善造福，則能累積善業，為自己帶來重業輕報、輕報化無的福報。如果，非正業是自己決定或自己喜歡做的行業，這樣已經知見不正，再付諸行動，恐怕捐錢所作之善業功德都彌補不了自己所造的惡業。至於可否接受非正業的金錢布施，則取決於捐贈者之心念是否純正。

五十

問：感覺上在參與慈濟後，與家人所信奉的「念佛誦經」的佛教有出入，應如何調整心態，並讓家人安心？

答：上人說：「不是誦經就可以消災。而是將所誦經文印記在自己心裡，提醒自己不要犯錯。不是拿來讀、誦，而不能實行。」所以，念佛誦經不是要念給佛聽，而是要念給自己聽，要「聲聲喚醒主人翁」。主人翁是誰？就是我們的真心，也就是我們的「自性」。如果說是要念給佛聽也可以，要念給哪一尊佛聽？就是我們心中那一尊「自性佛」。慈濟是菩薩道法門，強調走入人群去身體力行，謂之「行經」。經者道也，道者路也，念佛誦經是問路，行經是走路，用腳走才會抵達目標。慈濟人不是佛理的理論家或思想家，而是佛法的實踐者。所以「聽經聞法」是內修，「行經用法」是外行，內修與外行相輔相成、雙軌並行，就是菩提大道直。聽經還不夠，還需要行經；如是我聞還不夠，還要如是我悟。聞是聞方便法；悟是悟真實法。聞是用耳朵眼睛；悟是用身體力行。這樣才有可能「一聞千悟」，這是大乘佛法的思想。大乘佛法強調學佛不能獨善其身，必須走入人群去聞聲救苦、兼利他人，所以不能只是懂佛理，而是要先懂人理，此即所謂「人格成，佛格即成」以及「未成佛前，先結好人緣」。這告訴我們一個道理，學佛不能離開人群，離開人群就沒有什麼法好修了。慈濟人的道場不是在佛堂裡，而是在人群中、在日常生活中，更在我們的心中，所以才說「最靈的佛在心中，最有力的菩薩在腳下」。現在是末法時期，也是壞劫時期，災難愈來愈多，佛教徒如果只是在家唸佛、誦經、拜懺等等，對廣大災民有何實質幫助？發生災難時，寺廟裡的佛像不會自己走下來跑去災區救災，還是要靠人間活菩薩。所以，上人才說「菩薩人間化，佛法生活化」。將慈濟這樣的修行理念落實在自己的言行中，並伺緣應教與父母及家人分享，有一天您讓家人感覺進慈濟後，行善行孝齊頭並進，做人處事也智慧圓融，自己先從中改變，人家就會喜歡我們的宗教。

五十一

問：慈濟人常常說「上人說」，會不會把上人「神化」了？

答：小時候，我們會常常把「爸爸說」、「媽媽說」掛在嘴邊，那是對父母的尊敬。上學之後，就開始把「老師說」掛在嘴邊，那是一份尊師重道，這些都是生命成長過程中的蛻變。投入社會工作以後，開始追求身心靈的成長，也從走入人群中體悟苦、集、滅、道等等的三理四相，這是慧命找到了真實之道，而慈濟人慧命的母親就是證嚴上人。我們接受明師的諄諄教誨，才知道所修之法門是一邊做著凡夫的俗事，一邊朝著聖者的境界邁進，此乃「化小為大」，也就是「化權教為實教」，這就是無上甚深微妙的一乘真實法。上人嚴守清規戒律，以自己克勤、克儉、克苦、克難的身教體現，以自己為佛教、為眾生的悲智願行無聲說法，教化了無數迷茫中的芸芸眾生，如此的「高山仰止，景行行止」足以作為我們慧命的導航師，所以慈濟人才會常常將「上人說」掛在嘴邊。這是敬師如師在，敬佛如佛在，敬師如敬佛，是聖化而不是神化。然而，全球慈濟人及會眾這麼多，加上眾生根機本就不整齊，難免有人會將上人神化，即便如此，那也不是上人的問題，而是弟子的問題。

五十二

問：有大德提問：「為何宇宙大覺者的法相不是一般佛陀的法相？而像上人的法相？」

答：其實，一般佛堂寺廟裡的佛陀法照，及木雕、石刻、泥塑等等的佛相，也未必就是真正佛陀的法相。沒有人看過佛，佛當年也未留下影像，目前坊間的平面及立體佛相皆是憑意會臨摹而來，每一個朝代的佛像造型也不盡相同，甚至不同心境的師傅也會雕出或畫出意境不同的法相。佛相像誰不必太在意，心外無佛也無魔，佛魔都是在我們心中，一切外相皆是自性的顯現，謂之「相由心生，境由心轉」。就如每個人看天空雲彩，各有不同解讀，甚至自己心情好壞就會有不同的感受，但如能明心見性，則不同的形象示現其實也都只是一朵雲彩，這就是見人就見性、見物就見性。新加坡有一間佛牙館，當年開幕啟用時也是引起諸多爭論，由於該顆佛牙比一般人類的牙齒還要大，因此牙醫界認為這絕非人類的牙齒，佛教界則堅定認為是有歷史記載的真正佛牙。其實，這有什麼好爭論的？佛牙是真是假不重要，心念若誠，假佛牙也靈；心念不誠，真佛牙也不靈，我們家裡所供奉的佛相也不是活生生的佛，只是提醒我們見佛相如見佛而起恭敬。所以，外若離相，心即不亂；外若著相，內心即亂。學佛要能不妄心分別，要能捨妄取真、反璞歸真，這樣就是非妄非真。只要心無罣礙，則如《心經》所云：「心無罣礙，無罣礙故，無有恐怖，遠離顛倒夢想。」

五十三

問：什麼叫做法執？如何可以沒有法執又能堅持原則？如何區別我見及正見？

答：「法執」就是執著所知而造成障礙。有些人書讀得很多，在某一方面就會執著自己的看法，比較不容易接受別人的意見，但他所知的只是意識型態上的知識，這就是「法執」。覺者的堅持叫做原則；凡夫的堅持叫做執著。同樣是堅持，兩者的本質與境界是大相逕庭。一個人即使有高深的知識與學問，一旦落入意識形態，則所學也皆會落入知見，如此會對自己造成障礙，謂之「所知障」。佛家說：「心清淨，所學皆成智慧；心不淨，所學皆成知見。」一件事情如我們已先入為主，或心存定見，而自己卻有一套自圓其說或自以為是的說辭，聽似正式法，實則類似法，意即似是而非，甚至落入偏見與武斷，不顧因緣與時勢，卻依然世智辯聰、堅持己見，此即落入法執。法執也是一種我執及我見，甚至稍一不慎而造成剛愎自用的堅持，此即我慢。對自己是我慢，加諸在別人身上則成卑劣慢。我見是一種定知定見，甚至是妄知妄見，這都是不正知見，會對事情的判斷以偏概全而流於主觀與武斷。相反的，如能摒除我見也空掉了所有的成見，如此的放空自己也是一種正思惟，正思惟會讓我們起心動念不離正法，在這樣的情況下所判斷之事較能客觀與宏觀，所以也比較會接近真理。此時，即使別人不接受我們的意見，我們也能隨緣放下，不會繼續堅持，這樣就是解脫與覺悟。心無正念或私心很重，則所堅持的就會是一種執著。上人曾開示：「堅持己見不如堅持己志。」很值得吾等深思體會。簡單講，我執與我見還有執著一個「我」字，所以是深著我相，這樣的知見是不清淨的；正見強調的是出於無私的正念，所以是不離正法，是悉知悉見，這樣的知見是清淨的。

五十四

問：請問，別人對我們修行團體惡意批判、汙蔑，或無中生有、無的放矢，我們如果提出辯解，又怕對方見獵心喜、見縫插針，如果不解釋，又怕對方誤導視聽、危言聳聽，這要怎麼辦？

答：您講的可能就是媒體或網軍，因為只有媒體與網軍才有這樣的能耐。以臺灣來講，五濁惡世的亂源主要就是來自媒體，以及未適當管控的無明網路。臺灣是名嘴太多，好嘴缺貨，名嘴是口才好，所以口水多，因此是非也多，再透過媒體加速渲染，如此社會不紛亂也難。好嘴是口德好，所以證明一切。蓋因慈濟已邁入第五十年，慈善足跡遍布全球且遐邇皆認同，清者自清、濁者自濁。肯耐心聽你解釋的，只要你用心釋疑，他會很快解惑；不想聽你解釋的，你再怎麼講他就是選擇聽不懂，我們也只能耐心等待因緣，千萬不要因人因事而自亂己心。如與此紛亂境界羈絆與沾染而煩惱滿心頭，此即「在纏菩薩」。在家居士一邊修行一邊煩惱，叫做「在纏菩薩」；出家人一邊聞法一邊煩惱，叫做「在纏僧」。佛法的精深絕妙之處就在於不但不被逆境影響，反過來還要妙用逆境，所以才說「逆增上緣」。人家要以假亂真，我們就不要信以為真，更要借假修真；人家要危言聳聽，我們就妄言妄聽，也就是說的人隨便說說，我們聽的人就隨便聽聽；人家要人言可畏，我們就妙用它成為人言可貴。社會如此風風雨雨，我們就要用智慧把轉化為春風化雨。在動盪中要學習「動中修靜」；在亂境中要學習「亂中修定」。就如上人所說，境界來時要能「安忍不動如大地」，這才是不動聲色、穩如泰山的真功夫。在五濁惡世的亂象叢生之際，如要撥亂反正、屹立不搖，則正信學佛者就要時時提起正念，讓正法宣流，如此才是《無量義經》所云：「為聞聲救苦做耳目，為癲狂慌亂作正念。」

五十五

問：慈濟法門強調走入人群去聞聲救苦、見苦知福，難道這樣就保證不會下地獄嗎？

答：如果積極布善種子、行善造福，以此去造福人群及預植來世福，這樣還會下地獄，那沒做的人不是更慘？其實，地獄不是人死後才有，活著的時候就有地獄，謂之「人間地獄」或「現象地獄」。很富有但心靈很空虛匱乏，或物質生活很富裕，但精神生活很苦悶憂鬱，這樣就是身在天堂、心在地獄。相反的，人窮志不窮，能安貧樂道，生活很清苦但身心很輕安，這樣還是活在天堂。所以，天堂地獄是唯心所造。地獄既然不是死後才有，而是在活生生的人間，那人間地獄在哪裡？地震、水災、火災、風災、戰爭、瘟疫等等的災區、疫區或難民區，以及黑暗角落的苦難深處有許多生活在水深火熱的苦難眾生，這些地方都是人間地獄。大乘佛法講「菩薩所緣，緣苦眾生」，慈濟人跑在最先做到最後深入各種災區及暗角去救災、救苦，其實這樣就是在乘願下地獄。學佛就要深信因果，不信因果會有嚴重的後果，因為會誤認沒有天堂，所以好事不必多做，好事做多也不會上天堂；也會誤認沒有地獄，所以壞事可以多做，壞事做多也不會下地獄。這樣，因果錯亂，天下豈不大亂？

五十六

問：什麼樣的發願才是最真誠的呢？發願需要付出代價嗎？

答：不能講「發願要付出代價！」，也不能講「發願後會碰到魔考」，這樣誰敢發願？碰到魔考自有其前世之因緣，與發願無關。應該說發願過後就要積極付出，發願過後的付出與投入叫做「行願」。發願而無行願這叫做空願。發願之際也是要深觀因果，期許以大信根及大願力去扭轉業力，轉不退轉法輪。「發願」是學佛的人為自己所行之菩提大道，訂下一個努力的目標與方向，也是一種人生的理想與抱負，更是一種衷心與誠心的承諾。學佛要能清楚學習的目標與理念，目標一經定位，就要全力以赴，發願就是要有這樣的正知正見才不會走入偏門。菩薩道修行的方法是一邊走入人群，一邊深入經藏，不落兩邊，依中道而行，以慈濟法門解釋謂之「靜思法脈入心，慈濟宗門入行」。入心則自覺，入行則覺他，自覺也覺他才有可能覺行圓滿。佛家深信有願就有力，願大力就大；神通抵不過業力，願力可超過業力。然而，如果業力深重加上願力太小，或所行之小善抵不過所造之大惡，甚或今世雖行大善，然前世之餘殃與餘報未盡，則還是定業難轉，一般人稱為劫數難逃。相反的，雖業障深重，但發露懺悔之後斷惡興善、改往修來，並發大心、立宏願，加上積極行善造福，如此悲智二

五十七

問：做慈濟如何不退心？

答：菩薩道如何不退轉？

壹、「發心如初，就不會退轉」。因為，初發心最真誠、最清淨、最柔軟、最有力，所以時時要守住最初一念心。發心如初，則成佛有餘，成佛都有餘了，怎麼會退轉？

貳、「心中入法，就不會退轉」。因為是依法不依人，以法為師，以法為依歸，所以目標很明確也很專注。心中有法就是心中有主宰，這樣碰到任何事自己都能做得了主，如此就不會有退轉的空間。

參、「做得歡喜，就不會退轉」。心中有喜悅就代表心地是清淨，心地清淨就會有喜悅，所以喜悅跟清淨是相輔相成，並互為因果。心地清淨也做得歡喜的人，在通往目標過程中會快慢自如，但不會停下來，只有做得不歡喜或不知為何辛苦為何忙，忙到失去方向、失去目標、失去重點的人才會停退。

肆、「道心堅固，就會不退道心」。上人說，「道心堅固」的意思不是自己會繼續做下去或不會停退而已，而是也能陪伴同行者令他們也不會停退，這才是真正的道心堅固。

伍、「精進不懈，就不會退轉」。「精」是不雜；「進」是不退。《無量義經》有云：「生懈怠者起精進心，有退心者作不退心。」造成停退就是不精進使然。所以，如能讓精進成為一種生活習慣，這樣就不會有停退及懈怠的空間。因為，這種人的人格特質是正信、正念、正向、樂觀、積極、進取，即使碰到前進無路時，他也不會後退，而是保持「後進」。總而言之，菩薩道要做到難行能行而不退道心，隨時具足「甘願的心」與「歡喜的心」十分重要。一件事做得甘願又歡喜再加上心存感恩，如此力量才會持續，也才不會起煩惱，這是力量的泉源，也是不退心的支柱。

行經篇

五十八

問：請問，募款跟募心哪一個重要？

答：兩個都重要。募款有形，所以款項本身有生有滅、有來有去，是有為法；募心無形，所以慈心本身不生不滅、無來無去，是無為法。有為法是事相；無為法是真理，透過事相去顯真理，就是「以事顯理，藉事練心」。要募款就須走入人群去外行化緣，這是屬於慈濟宗門的領域，此猶如佛陀時代的「托缽化緣」；要募心就須深入經藏去以法度人，這是屬於靜思法脈的領域，此猶如修行團體的「聞法調心」。有為不離無為，無為不離有為；宗門不離法脈，法脈不離宗門。募款募心能做到脣齒相依、會二歸一，才是「權實一體」，這樣勸募者才會是個教化者，捐款者也才不會只是個布施者，而也會是一位啟智者。只募款不募心，則捐款者無明一來就會隨時中斷自己的造福之路，這是福中缺慧；只募心不募款，雖認同但不行動，或有心動卻無行動，這樣少臨門一腳也是難以成就，這也是一種欠缺福緣。然而，「攻城為下，攻心為上」。一般說來，只要能募到心，絕大多數人都會有錢出錢、有力出力。勉強靠人際關係募到善款卻不復為說法，則布施者雖已生善也會難增長。此外，募款不能募大不募小，要不擇大小、不分多寡、次第勸募，就如佛陀教誨弟子們要次第行乞一樣，這樣才是心行平等、慈悲等觀。

五十九

問：我參加慈濟幾個月，覺得慈濟像個慈善團體多過宗教團體，我看到很多人都樂於參加，這是為什麼？

答：慈濟是慈善團體，也是宗教團體，更是修行團體。上人曾說：「慈濟志業如果缺少了法脈，就會變成一般的慈善機構。」因此才要慈濟人謹記「靜思法脈入心，慈濟宗門入行」，其中入行是入人群，代表造福；入心是入經藏，代表智慧。兩者交互運用就是修於內、行於外，亦即「修行」之意。在慈濟裡沒有明顯的佛法，這不是沒有佛法，而是上人將佛法及經文生活化，就是所謂的「依經入行，以解導行」，如此學以致用讓佛法全然與生活及工作結合，就是佛法的最高價值所在。所學佛法如果不能用在日常生活中，則佛法只是一門知識與理論。所以，慈濟人不是佛理的理論家或思想家，而是佛法的實踐者。最靈的佛在我們心中；最有力的菩薩在我們腳下。許多人喜歡求佛、求菩薩，但上人說：「求菩薩不如自己做菩薩。」並說：「既然做菩薩，就不跟任何人結惡緣。」慈濟人聽佛所說道，行佛所行道，以無所求的心態投入人群，透過活動來修心養性、端正行為，很多人從付出的過程中改變了自己，由迷信轉入正信，由辛苦轉化為幸福，將佛理印證人理，將消福改為造福，將命運改為運命，以菩薩道修行的福慧雙修來翻轉人生，甚至改變了一家人，這是如人飲水冷暖自知，也是很多人天天歡喜做慈濟的原因。

六十

問：我最初是以行善為由，而加入了慈濟，緊接著參加了慈濟活動，如今也已成為慈濟幹部。雖此，迄今本身仍為自己的宗教信念找不到定位。在本身對宗教信念還相當模糊的時候，身為慈濟幹部卻必須一面往內穩定扎根，一面又須向外精進成長，兩者之間，如何能同時進行呢？

答：以行善為樂加入慈濟，這是由善門入宗門。然而，已入宗門還須繼續體解法脈，這樣才是由小機入大機，小機受小法，大機受大法。對自己的宗教還有「疑」的時候，當然就沒有「信」。缺乏信心，就不可能產生力量；心存疑惑，就會產生障礙，謂之「惑障」。即使有信還要看是否信而有根，如是信而無根，這樣也是會如浮萍一般漂流不定，所以佛家講的是信根，而非相信而已。對自己所修的法門如果存有一念疑悔就不得成就，所以上人說：「疑悔悉除，即得入於實智之中。入實智才能見實相。」一就是提醒我們有一乘實相的智慧就能判斷真假虛實、明辨是非善惡，也才能洞見事理真相。慈濟本身是正信、正念、正知、正見的修行團體，自己會對它產生模糊或疑惑，是我們自己尚未有正念與正信，所以無法契理契機，如此自然是難以攝授正法。尤有甚者，自己還深著我見、堅受難捨，以致正法難投、大法難入，所以也是難轉迷成悟。佛陀對疑法或疑惑所開立的藥方和對治煩惱與掉舉的藥方是一樣，就是「親近善士，修練正法」。親近善士是外行，修練正法是內修，兩者並駕齊驅就是福慧雙修。因此，當我們做事情甚或做慈濟做到有疑惑而狐疑不決的時候，應趕快靜下來去親近善知識，期許自己「不怕念起，只怕覺遲」，這個覺就是正覺，猶如汽車的煞車。只會動而不會靜的人，就好比是開著一輛只有油門而沒有煞車的車子一般，可以想像這是多麼危險的事情。慈濟的精神理念就是菩薩道的導航器，要避免人生迷航，就要正確導航、清楚定位。理念正確，則活動方向一定是正確；理念偏差，則言行造作必定偏差。學佛沒有速成班也沒有捷徑，須粒米成籮、積沙成塔。能往下扎根，自然就會向上成長，這跟種樹的道理是一樣，地下根莖能廣伸，地上自然會開枝散葉；看到枝葉茂盛，就知地下必是深根，這是內外上下互為因果，且是同步成長，兩者看似二分，實則至理不二。

六十一

問：當我們了解慈濟之後，越覺得要多花時間修行。但是往往被生活中的一些瑣碎事情牽絆，請問如何突破這個障礙？

答：生活中的瑣碎事情，有一些是本分事，不得不做，有一些則是自己不懂得取捨，造成該做的沒做，不該做的卻做了一堆，所以才說「心的清淨，並非心中沒有雜念，而是懂得清楚取捨」。學佛就是要學提放之間能清楚取捨，讓自己懂得什麼該提起，什麼該放下。走入修行領域，每一個人都會碰到許多功課，這些都必須自己去完成，別人沒辦法替我們處理。有時候，我們處在無明暗夜時，小困擾會惡化成大煩惱，小罣礙會惡化成大障礙，但是一旦心中有入法，則「本來無一物，何處惹塵埃？」所以，只要心中有佛法，行中就會有辦法，用在人間就是「生活智慧」。佛陀不能幫我們改習氣、轉業力，但是佛陀卻告訴我們微妙的人間法。這個方法與要領若能掌握住，也能隨緣應機去運用，則方法變妙法、權教入實智，如此就是心靈的主人掌控環境這個僕人，這樣我們就比較清楚生活中的雜事跟正事如何去做區別，以及拿捏輕重緩急之取捨。有善根接觸慈濟，還要有慧根去精進成長，目標既已精準定位，接下來就要學習「精而不雜，專而不散」，亦即一門深入、目標專注，這樣學佛才會有所進步，謂之「制心一處，無事不辦」。生活中除事業或家業的本分事以外，其他與身心靈無關的雜事盡量減少，例如：無益身心的八卦新聞或雜誌不要去看；負面及道聽塗說或不正知見的的訊息不要去聽；應酬交際免不了散心雜話與閒聊，或群居終日言不及義，這些都是一種口業，要盡量避免；沒有意義或不是自利利他的事情不要浪費時間去做。以上所言就是孔子認為要讓生活品質很精緻的四要件：非禮勿視、非禮勿聽、非禮勿言、非禮勿動。能做得到，就是「克己復禮」，也就是克制自己的習氣跟慾望。如此，則生活中自然沒有瑣碎雜事，即使還有也會減少，這就是「心無旁騖」與「安住身心」的自在人生。

六十二

問：對於新上任的幹部，或新受證的委員，我們要如何給他們期許？怎樣鼓勵他們推動慈濟？

答：既是幹部，應該是進慈濟有一段時間，且是從新進志工開始做起，經一段時間的見習及培訓之後才成為幹部。所以，這也應該是從早期的隨分隨力到成為幹部的盡心盡力，甚至使命必達，因此這自有其道業增長的階段性。然而，無可避免的是，人與事的磨練與考驗還是方興未艾，甚至考題愈來愈深，愈來愈多，這就是菩薩道主修的學分，也是心靈成長階段性的必修功課，不想修行就沒話說，如要入修行的領域則無人能免。既然無法逃避，就須提起正念以歡喜心及感恩心去對治，所以《靜思語》才說，「逃避不一定躲得過，面對不一定最難受。」要面對就須有對治之道，解決問題的工具要隨時準備好，就如「工欲善其事必先利其器」一樣，這個平常就要用心準備好，不能臨時抱佛腳。有用心準備的過程，一旦碰到考驗來臨才有可能胸有成竹而談笑用兵，如此才能四兩撥千金輕鬆自在地化解問題。在這樣的思惟中，「內修外行」是修練大乘佛法的基本依止，「覺悟解脫」則是學佛的終極目標。外行入人群是悲，內修入經藏是智，必須兩者相輔相成就是契悲運智。幹部在這樣的修行過程中，比起一般志工有更多學習及承擔的機會，因此更應心存感恩去面對更多人事的考驗與活動的磨練，能歡喜與感恩去接受這樣的琢磨就是心有正念，也才是正道。這中間，「多聞法」與「勤行道」是福慧雙修的雙軌，而多聞法指的就是「靜思法脈」，勤行道指的就是「慈濟宗門」，兩者交互運用，就是慈濟菩薩道的「悲智二門，悲智雙運」，身為幹部對上人這樣的思想體系尤須深觀與體悟。

六十三

問：急於承擔和勇於承擔，兩者有何差別？

答：兩個都是在承擔，一個是「很著急」，一個是「很積極」；前者罣礙，後者自在。上人教誨我們要分秒不空過，那是警惕我們隨時把握當下，勿虛度光陰、勿蹉跎因緣。因緣具足時，須用智慧把握它，並勇猛精進地去力行實踐。因緣不具足時，則不必強求，也不必慌張著急，操之過急或沉不住氣不但會成事不足，有時反而會心浮氣躁而弄巧成拙，帶來煩惱。該快的事就要當機立斷，該慢的事就要事緩則圓，人生有些事甚至要慢慢來才會快一點，因為欲速則不達。所以，該動不靜，該靜不動，才是真正的「如如不動」，而不是像石頭一樣沒有反應、沒有感覺。然而，也不能常常以「因緣不具足」或「隨緣」的理由而找藉口逃避承擔。有智慧的人不但會積極把握因緣，更懂得創造因緣，更會以心轉境化解惡緣結好緣。承擔由小到大，由少到多，由慢到快，皆須循序漸進、按部就班。既然已承擔，還要自我勉勵：身體可以有承擔，但心靈不要有負擔；肩頭可以重，但心頭就要輕；有承擔就是有付出，所以是有為法，是有形的，也是有生有滅；無負擔就是無所求，所以是無為法，是無形的，也是不生不滅。所以，身體有承擔是事相，心理無負擔是真理，做得到就是由有為法探求到無為法，也是自方便中走入真實。

六十四

問：每次來分會參加培訓或共修時，都會很感動，但回去時，卻又找不到力量，這是什麼原因？

答：培訓或共修的道場一般都是在會所、共修處或靜思堂，因為佛堂裡莊嚴道氣、正法宣流，參與者處於如此莊嚴的情境之中，心靈得到薰陶與沉澱，心情較易平靜與喜悅，所以也比較容易反觀自照而回歸自性，這就是共修的力量，可以從中找回自己的初發心，這也是感動之際的心靈啟發。但要注意的是，慈濟人的道場不是在佛堂裡，而是在人群中及自己心中，處處都是道場，所以不能只有在佛堂裡才有平靜與喜悅，到任何地方都要「身處嘈雜的人群，心是平靜的獨處」，以及「身處亂境，心是離境」，這樣無論身處何處，都能隨處養心而處處開蓮花，這才是大乘佛法的精深絕妙之處。回去之後力量不再，表示感動只是一時而並未持續，此時，「延續感動的力量」就是我們要繼續修練的功課。一時的感動是有生有滅、有來有去，所以是有為法，也是事相；無盡的感恩是不生不滅、無來無去，所以是無為法，也才是真理。要讓力量持續，不能只靠感動，一時的感動要繼續昇華為無盡的感恩，這樣才有可能「感動之後心動，心動之後行動，精進往前推動，才能確保力量持續放送。」

六十五

問：您說做慈濟要「看重點、聽重點、說重點、做重點」，請問「重點」是指什麼？

答：「重點」不一定是指人人都在意的事情，或大家都喜歡做的事情，或自認為是對的事情。對的事情也有輕重緩急之分，更何況即使是對的事情也不一定是上人要我們馬上去做的事情。《大學》裡有提到一句話：「物有本末，事有終始，知所先後，則近道矣。」就是此意。既然一心投入慈濟，則「佛心師志，依教奉行」是最基本的尊重與恭敬，而佛法就是在這樣的恭敬中內求，這是個關鍵，就是重點。「重點」可能是一件大事，也可能是一件小事；「重點」可能是一點點，也可能是全部，甚至只是一件微不足道的事情。然而，如果掌控不好，卻很有可能差之毫釐失之千里，因牽一髮而動全局，甚至對我們的身心人格造成攻堅滅頂的力量。俗語說：「勿以善小而不為，勿以惡小而為之。」這個「善小」與「惡小」雖說事

答：「力不從心」或「有心無力」，以佛法的角度來解釋就是「心行不平等」。「心行平齊」與「心行一統」才是我們要學習的目標，意即內心與外行平衡發展、內外一體。工作重擔超乎自己的能力所及，或工作性質不適合自己，造成「人不適其職，無法盡其才」，則必定也無法從付出中獲得成長的喜悅。工作量超載甚至會造成累積工作而變成工作壓力，然而這未必全然與工作性質或工作量有關，而是與自己的做事心態有關。蓋因慈善志業與營利企業截然不同，慈善工作雖也是要懂得審時度勢，但終究還是要隨順因緣，勉強不得，所以應不致有累積工作壓力才對，更何況生活壓力也好，工作壓力也好，不是來自外在或別人，而是來自自心，是自性的顯現。簡單講，就是你對這件事情及這個人的看法跟想法，所以解鈴人就是繫鈴人，就是自己。慈善或修行工作強調「隨順不逆」，因此應該是有責任，但沒有壓力，如來家業更是要給予責任、重任與信任，這就是使命。轉換工作而不是臨陣退卻，這就是腳步與方向的自我調適，也是智慧。然而，一旦調整好了，緊接著就要繼續盡心盡力，讓自己在菩薩道上穩定進入狀況，如此就是責任與使命雙軌並行了。然而，我們還須自我警惕一個觀念，「力不從心」與「心有餘而力不足」都代表自己的內心已產生瓶頸，觀念上的瓶頸會形成工作上甚或生活上及人際關係上的瓶頸，須提前將之突破。不怕工作壓力，只怕心理壓力；不怕工作瓶頸，只怕觀念瓶頸；不怕肩頭有承擔，只怕心頭有負擔。同理，環境是僕人，心境才是主人，心境不能改則環境或工作再怎麼轉換也是力不從心。所以才說，要讓力量泉湧不能只靠體力，而是要靠心力，此乃「體力有限，心力無窮」。日常的工作或修行的工作也好，不能單靠筋骨的力量，這是有形也是有限的，必須借重心靈的力量，這才是無形無限的。

六十七

問：想承擔多一些慈濟工作，但還有家業的責任，以致忙得人仰馬翻，是否應有選擇性地做慈濟？

答：忙得「不亦樂乎」是好事一樁，但忙得「人仰馬翻」，就會有可能失去方向與目標，這不是好事，也不會有喜悅，反而會造成「身忙心也忙」而導致「因忙碌而盲目」。工作或日常生活要的是「事煩心閒，忙而不亂」。一個人如果每天忙到沒有時間讓自己的心靈獨處跟沉澱，或忙到沒時間檢討自己、反省自己，這樣的忙碌會是一種生活的危機，因為很可能忙著跑錯方向，甚至忙中有錯。如要志業與事業，或志業與家業兩者甚或三者兼顧，則需要有正確的人生觀念。浪費及蹉跎時間很容易，但要珍惜及把握時間則不易。既然投入修行的志業工作，加上家業或事業，想做或需要做的事情很多，但時間卻有限，所以才要懂得用智慧安排時間，這樣才能創出造更多的時間，也才能充分利用時間。與身心靈成長無關的事情盡量刪減，與心靈成長無關但卻又是不得不做，這是生活的一種無奈，所以才說能全心或順利投入慈濟也是需要福報，更需智慧。志業工作十分繁重，選擇性的投入不能說不對，但如果自己在時間、體力與因緣都具足之下還未疲倦就想休息，這樣就叫做「懶惰」，更何況疲倦還要看是身累或心累，身累很容易體力恢復，心累則不做事也是很累。疲倦好處理，疲懈就難了。忙到人仰馬翻要自我檢驗是工作超量？還是方法錯誤？或是不懂得取捨輕重緩急？如只是短暫或事屬緊急，忙過就沒事了，但如果長期的人仰馬翻造成兵疲馬困、心力交瘁，這就要靜下心來用智慧對「事」或「心」做出適切的調適。而如果馬翻人不翻、人翻心不翻，則依然可以力量泉湧，仍可不改其志，這樣還是會樂此不疲，此乃大承擔而大成長，也大轉法輪而大轉乾坤。甚至因此改變家人也投入或護持慈濟，這是大福報與大智慧，是福德因緣具足之人，這個就不簡單。如果因事業或家業綁住而無法投入志業，或者不能承擔太多工作，這是因緣尚未具足，只好先將家業與事業的本分事做好，行有餘力則循序漸進投入慈濟，這樣才會圓滿以及恆順。

六十八

問：為什麼我常常覺得穿上慈濟制服後，滿心歡喜，有超人的感覺？

答：心是超人的心，當然就會有超人的力量。反之，心是病人的心，則即使身體沒病，看起來都會像病人的樣子，如此當然看起來就是精神萎靡，不可能產生力量，這就是「相由心生」的道理。穿上慈濟制服後，因有戒規的約束，所以比較會有良好的形象與氣質，而這樣的約束恆持久了就很自然地成為一個人的人格特質，這就是佛家所說的「德」。有德之人會散發德香，即使不說話，別人看他也會起歡喜心。穿上制服後是學習走入人群做人間活菩薩，也是警惕自己走在自利利他的修行道路上，這是性靈的提升，所以我們自己也會很歡喜。心中有喜悅代表心地是清淨，這樣力量自然泉湧。然而，我們還要百尺竿頭更進一步，提醒自己，制服只是外在的形相，心靈才是內在的實相；前者有形，後者無形。無論著制服或著便服，我們都須保持一樣的標準來嚴以律己，如此才不會因所著之衣服不同而心有所差別，這樣心中不起分別相就是轉妄心為真心。

六十九

問：人的意志力總是那麼薄弱，常為自己訂下目標，但往往都不能達到，也常常會被周遭的人與事影響自己的決定與去向，要如何去改善？

答：意志薄弱就是道心不堅固，道心不堅固則容易被外境影響而聞聲起舞、風吹草動，嚴重時甚至會人云亦云、盲從附和，如此心境常與環境沾染而明鏡蒙塵，要不自亂、自擾也難。道心要堅固須透過人群中人與事的千錘百鍊與千雕萬琢，才有可能煉鐵成鋼、琢玉成器，這是菩薩道修練的演進。《靜思語》說：「君子立恆志，小人恆立志。」就是告訴我們君子慎重地立下了宏願大志之後，就會目標專注，一心一志、絕不動搖；小人則是輕易地立下志向之後，遇到一點挫折就輕言放棄理想，不了了之而變成妄想。「大處著眼，小處著手」是值得學習的人生哲理，告訴我們雖有遠大的目標，但還是須穩重踏實、腳踏實地、一步一腳印。成功的人是專注一事，失敗的人是多方從事；成功的人是眼明手快，失敗的人是眼高手低；成功者都有相同的成功本質，失敗者都有不同的失敗理由，所以才說成功的人是找方法，失敗的人是找藉口。感動的時候容易說出發願的話，無明的時候容易忘記承諾的話，所以才說發願容易行願難，難在不能意志堅定、勇往直前。雖說願大力就大，但還是要先「慎始」與「慎思」，務實地衡量自己的能力所及，更須視因緣與條件去訂下自己的目標，去做合乎時宜的事情，如此就是「天時，地利，人和」，再以輔以信心、毅力、勇氣，則才有可能達標。如只是好高騖遠、好大喜功，草草定下目標，當然也會草草結束。常常會被周遭的人與事影響自己的去向，那是缺乏自信與智信，造成遇事優柔寡斷、猶豫不決，其實這就是「心無正念」，這跟心中不入法也是息息相關，對治之道可以勤修《三十七助道品》，尤其其中的〈八正道〉。能做到內修聞法、外行用法；對己妙用、對外度眾，這樣就是福慧兩足尊。

七十

問：有些志工，因不了解也不適應四合一架構而產生退縮的現象。請問，要如何鼓勵他們，使其恢復繼續參與的熱情。

答：四合一是一種體制，也是一種法制。從有形的角度看，它是一種推動志業的制度，從無形的角度看，它是法脈傳承的管道。靠制度去推動會務是世間法，也是一種方便法，然而將制度昇華為法制，並藉以傳承法脈，這才是真實之處，謂之「隱實施權」。方法雖千變萬化，但萬變仍不離其宗，此「宗」就是精神、理念、思想、本質、戒規，這些都是無為法，是永恆不變的法脈。上人有遠見與宏觀，並以其睿智為慈濟法門建立長治久安之制度，表面上是以「隱實施權」來教化眾生，實際上是讓權教入實教，目的就是要「開權顯實」，是明師以智慧教化弟子的用心良苦之處。本性即佛心，佛心即信心，「信為道源功德母」，信根是道業增長的力量泉源，失去信心也會失去力量。方法與制度改變後，時間更精省，目標跟方向反而更明確，也讓我們更接近「漸入聖域」的目標，何樂而不為？對慈濟宗門能「明其體，知其法」，才能永續保有熱「情」與虔「誠」。

七十一

問：怎樣讓被動的志工成為自動的志工？

答：被動的人大多是不能精進的人，不能精進就會逐漸懈怠，當然也有可能是其他因緣造成無法自動或主動，修行講因緣，我們還是須給予善解。上人說：「懈怠的人心裡會很不安。」這句話對曾經精進過，而如今不進則退的人是一句當頭棒喝的警惕。六度萬行中精進為最，欲修定慧必須精進。如要化被動為主動，或再化主動為精進，可以用「勉強」的功夫，人性的弱點是有使役性跟惰性，所以孟子才說「強恕而行，求仁莫近焉。」意思是要行仁道做好事，不能只靠發心，而是要用勉強的功夫，蓋因勉強久了就成為一種習慣，習慣久了就成自然。要讓短暫的悲心延伸為恆常的悲憫心，「強恕而行」就是方便法。其實，現在許多薰法香不間斷的志工，當初還不是在上人的半強迫之下勉強自己前來，如今卻已成為每天清晨主動參與的早課習慣，這中間上人也是時時借力使力，用了「為實施權」的權巧方便。如何激勵志工主動積極？可以多帶她去訪貧，深入苦難去見苦知福，從中啟發感恩心。多帶她去做臨終關懷，體會諸行無常、人生是苦，從中啟發無常觀。多帶她去做往生助念，了解人出世後每天都在接近死亡，終有一天也會輪到自己，所以要把握時間做無常來臨前的準備。鼓勵她每天薰法香，只要對其中一句發人深省的智慧法語，可能一句話改變一個觀念，因一個觀念而消除無明，甚至改變一生。一旦良知與良能被喚醒，自然而然能化被動為主動。如果以上方法還是難以帶動，那就是因緣未到，我們只好耐心等待因緣。

七十二

問：在慈濟的活動裡已是盡力奉獻，卻被人說：「沒有你，慈濟依然會做得很好！」我們應該怎麼辦？

答：能盡心盡力的付出那是我們的福報，因為「福從做中得歡喜」。但是，不要因別人一句無心之言而產生煩惱，所以才要「慧從善解得自在」。「別人無心講，不要有心聽；別人有心講，更要無心聽；智者輕輕講，我們重重聽；愚者重重講，我們就重聽。」自己要不要把握因緣精進投入，那是自己的事；別人要人言可畏那是別人的事，我們唯有將「人言可畏」妙用為「人言可貴」，這樣才是轉境與轉念的功夫了得。見別人在行善造福、發心付出，我們應當見賢思齊，給予歡喜讚歎，這樣也是有歡喜功德。但我們要善解並不是每個人都有正信正念，也不是每個人都懂得說雅言正語。那句話警惕我們，就是因為慈濟一乘真實法是無上甚深微妙之法，是百千萬劫難遭遇，要見聞更是不容易，所以我們才要把握因緣精進修練。

「今生不向此生度，更待何生度此身？」千萬不要「佛在世時我沉淪，佛滅度後我出世。」否則就是空過因緣。

七十三

問：有一些較資深的幹部，常常自以為是，並存有「我比你資深，你該聽我」的心態。身為一位新進的活動組幹部或組長，對於這群「資深」幹部，應如何應對？

答：資深幹部須時時自我驗收及自我檢討，是時間很資深還是修養很資深？上人曾慈示：「帶領大眾，不是只有傳授自己的經驗與心得，而是要以德服人。」並說：「自認為自己資深，要大家都聽從他的，並以自己的頭銜或權力去指揮一切，這是落入凡夫的煩惱境界。」所以，既是資深，更應有良好的風範與身教，如此才能服人先服心、正人先正己。新進幹部需要資深幹部的帶領，因此須有虛心求教的一分尊重，如果資深幹部的「你該聽我」確實是正確的決定，則我們帶著感恩心全力配合，並從中學習。如果「你該聽我」是一個不恰當的決定，則可藉由共修會或組隊聯誼時互相討論以求藉事練心，或在該項活動的籌備會議中大家以法會的精神去集思廣益，再重新評估或調整，這也是一種解決歧見的智慧。人生路有時候要懂得轉彎，路才會好走，處理事情也不必都直來直往，有時也須懂得曲直向前，最後也是會到達目標。

七十四

問：如果組長很在意也很眷戀組長的職位，任期已經居滿尚不願意交棒，該怎麼辦？

答：須菩提問佛陀：「如何安住於菩提心，不受妄念與境相的紛擾？」佛陀回道：「布施的時候，要行無相布施；度生的時候，要行無我度生。」須菩提聞後自言：「從此，人、我的二執再也不能纏繞我，我、人、眾生、壽者四相再也不能束縛我。我已體會佛陀心意，像是真正認識了自己。」自此，須菩提開悟了，從此被稱為解空的第一人。這段師徒對答深刻提醒我們，「離一切執著，才能見到空理；離一切名相，才能透徹人生。」離執與離相對修行之路能否輕安自在十分重要。對有形的名相職位有戀棧或執著而不願交棒，就是執著名相，這也是一種放不下。離相就無名，即使有名也不是真有，而是假有，所以才說所有名相都是「假名相」，不必在意。離相修福，得清淨福報；離相修慧，得清淨智慧。離「理事二惑、人我二執」之相，就是離相；離相不是不要相，而是不著相。《無量義經》有云：「無相不相，不相無相，是為實相。」以及《金剛經》所云：「凡所有相皆是虛妄。」皆是直指離相與不著相之實智，蓋因入實智才能見實相。緣生就接棒，緣滅就交棒；緣生就來，緣滅就去，這樣才是來去自如。緣起就是多付出，性空就是無所求，付出無所求就是「緣起性空」。

所以，只要對名相難以割捨，甚或對知見難以放下，這些都是一種有所求。緣生緣滅、接棒交棒一切隨順因緣、隨境而安，這樣修行的路才會愈走愈輕安自在。階段性的功能及角色發揮告一段落之後，如於適當時間需要轉換角色、傳承任務於他人，此時就須提醒自己，「組長或任何的職位名稱都是一種世間法的假名相，也是有為法，所以必定會「有來有去，有生有滅」，最終會如夢幻泡影、諸法皆空。然而，如能提放自如、知所進退，進之時全力以赴，退之際全然放下，這是出世的態度，也是證悟的理念，也就是從有為法的人間事中，探求無為法之天下理。現在是天災人禍偏多的末法時期，慈濟人要做的世間事非常多，而時間與人力卻有限，唯有努力接引人才、培養人才、傳承人才、留住人才，這樣世代傳承，大愛力量才會永續。度化別人要先度化自己，自己都不能放下名相，甚至眷戀於自認為還有的那一絲絲組長權力，那跟未聞佛法的人執著於名聞利養有何不同？所以，愈能傳承則成長的空間愈大，愈不能傳承則愈是壓縮自己，這樣的提放也是存乎一心。如對人事調配有意見或不願意，可以找正常管道溝通，但溝通完就須應過即放，以大局為重。既然團隊做出如此之安排，則我們就隨緣，能時時心存正念與感恩心的人會堅信「一切都是好因緣」。

七十五

問：有位新進志工向我提及，因為在會所遭受委員幹部的不友善對待，而產生退心，身為幹部的我已經跟她談了好多次，還是無法開導她，想放棄又覺得可惜，因為她相當精進，怎麼辦呢？

答：已經進來慈濟做志工，那是「可喜可賀」，做得很精進則是「可圈可點」，而能在忍辱中精進，更是「可歌可泣」，但如果因為一點人事牽絆而與境界沾染起了退心，那是「可悲可歎」。所以上人教誨慈濟人，「要在忍辱中精進！」六度萬行中，精進放在忍辱之後自有其發人深省之處。人家做不好的地方，我們就「見不賢而內自省」；人家做得很好的地方，我們就「見賢思齊」。被人不友善對待，甚或被人冤枉、誤解、羞辱、凌遲等等而心靈受傷、心生不悅，即使真是對方不對，我們也只能自我惕勵顧好自己的道心，告訴自己不要因人因事亂了心。身處亂境，更要加速精進，這樣才會愈早擺脫險境。所以，不悅的事情不悅一下就好、討厭的事情討厭一下就好，甚至喜歡的事情也是要喜歡一下就好，不要執著地長置心中，這樣才是隨起隨滅、心上無痕，這是學習「去我執，滅我相」最好的機會，也是學佛之後的自我驗收，做得到就是在淺嚐涅槃的滋味了。因此，做志工之餘，還要多聞法，法入心雖會讓人精進，但道心脆弱而容易停退則是法不入行。能做到法入心、法入行，才能在碰到逆境挫折之際懂得轉念與轉境，這就是最美的心地功夫。

七十六

問：您常說要同理別人，要設身處地為他人著想，這樣會不會當他人犯錯時，變成我們是在幫他找藉口？這樣會不會好像太天真呢？

答：我們幫他找藉口就是「寬以待人」，這是善解的智慧。修行團體裡沒有人想故意犯錯，大部分的人犯錯都是無心之過，犯錯之際都是需要別人給予原諒與激勵，尤其對方犯錯的對象是我們時，我們更要保持寬恕與包容，這樣日子才會好過。人家犯錯那是別人的業，我們如果因此而難過痛苦，那就變成自己的業，這樣就是兩人共業。沒有人喜歡被別人指責或批評，一個人會犯錯，基本上有三個原因，一是「經驗不夠」、二是「習性使然」、三是「能力不足」。因為經驗不夠，所以沒有辦法把事情做好；因為習性使然，所以沒有能力不顯露習氣；因為能力不足，所以常常被困難克服，造成障礙偏多。因此，我們要善解人家是能力不足，不是故意的。對於一個能力不足的人，我們要同情他、包容他、關懷他，甚至幫助他。如果有一天，我們在處理某些棘手的事情時也呈現能力不足，我們是否也是希望別人能助一臂之力？如果有一天，我們因為不小心而成為犯錯的人時，是否也希望別人能慈悲對待我們？能這樣想就是同理心。如果再怎麼勸戒，別人還是無法不犯錯，那也是人家的事情，我們唯有深自惕厲，拿別人的境界來修自己的心。別人已經犯錯，我們就不要再用我們的嘴巴去說別人的錯，甚或質疑別人犯錯的動機，這些都無濟於事，否則就是跟自己過不去，俗諺：「以責人之心責己，就能少過失；以恕己之心恕人，就能保情誼。」而《靜思語》也警惕我們：「批評別人的時候，要想想自己是否完美無缺。」能這樣自轉法輪就是智慧。

七十七

問：在志工培訓營隊中，我們還未坐下來，就已看見「輕聲細語」的牌子，難道小休是要當做木偶，不能與師兄姊們聯絡感情？何況現場氣氛很溫馨啊！也沒有人大小聲說話，請問拿牌子用意為何？

答：拿牌子走動是這位志工的工作與責任，目的只是要提醒大家，在佛堂裡保持莊嚴肅靜。猶如在交通順暢的路口，有時候也會有警察站崗執勤一樣。站崗是警察的職務與責任，遵守交通規則是駕駛者的義務。糾察組拿牌子走動是他們的工作與責任，輕聲細語是我們的自制與涵養，各司其職、各盡本分，各人做好各人的事情，心中不必有罣礙。

七十八

問：對不聽話及不守規矩的慈濟人，該怎麼辦？

答：我們自己要很聽話也很守規矩，以身教做給他看，除此別無他法。

七十九

問：如何才解決人醫會醫師間的矛盾，因為我們幹部身處中間因而左右為難。

答：不只是醫師之間，有時志工之間或人跟人之間也常出現矛盾，或想法不同而致意見相左，甚至互相看不順眼，這是人群中眾生的習氣，也是凡夫的境界。在慈濟工作中，學習辦活動或學習做事，都只是世間法，從中學習做人處事的圓融，以及待人接物的智慧，這才是從俗事中去探求及印證真理。人醫會也好，各種志工團隊也好，如要做到彼此不生矛盾或要能合心協力，最好的辦法就是天天薰法香、人人入經藏，每個人修持好道場的戒規，每個人都能有效約束好自己，這樣就是展現個人的美，團體自然就會和諧，所謂「正人先正己」就是此意。同師、同道、同志，都能上求佛道、下化眾生，也都能在菩提道上同步成長，則佛不離心、法不離行，問題自然迎刃而解。相反的，心中不入法，則沒事變有事，小事變大事。菩薩道上不能只靠「緣」而群聚，這樣很容易「緣盡法散」，必須以「法」相會，這樣才會「靈山法會不散」。上人用心良苦半強迫式地要求慈濟人都要薰法香，這是在教化慈濟人不要只是入宗門做事情，而也要入法脈長智慧，這樣即使問題很艱深，我們也會很簡單地找到化解的答案。其實，我們身邊都是佛法，但問題發生時卻找不到方法，這是很奇怪的事情，就如身懷明珠，還自認為是貧窮子一樣。所以，只要能「佛入我心，法入我行」，就不會感到「左右為難」，而是事事都會「左右逢源」。

八十

問：活動中，遇上自己不投緣的人，其所言很難令我聽從，如不給予配合，卻又被冠上「不服從、不尊重」。對此，要如何改變自己的觀念？

答：修行是「依法不依人」。與自己不投緣的人，如其所言如法也有理，則要學習去接受，不要「以人廢言」；與自己很投緣的人，如其所言不如法也不合理，則戒之在行，也不要「以言舉人」。對於人的觀察，不要聽了對方一句話說對了，就認為他統統對了；也不要因為對方某一點不好，而因此不聽他的好意見。問題是「如法與否」、「好不好」、「對不對」是以何標準衡量？上人曾慈示：「我們講出去的話，人家聽了很歡喜、很受用也很受益，那就是我們有口德。」又說：「有緣講話是真理，無緣講話變是非。」所以在人群中要與人有好的互動，結好緣與修福德緣是十分重要。每一個人都有優點與缺點，別人的優點我們「歡喜讚歎」，別人的缺點我們「自我警惕」，這樣不管別人是優點或是缺點，都是值得讓我們學習的老師，這就是「無人不是法，無處不道場」的道理。軍隊有軍階，有上下階級之分，下要聽命於上，謂之服從，這是軍人的天職，企業及公司行號也是如此的性質。修行團體則不用「服從」這個字眼，服從有上對下或下對上的不平等心，學佛是講「信受」，能以德服人，別人自會對我們起歡喜心，所以才說「歡喜信受」，或「拳拳服膺」。人家對你不服，你也是勉強不了，服不服從要看是否以法為依歸，且是發自內心的真誠，否則會變成口服心不服。心都不服了，要做到尊重也是困難。然而，即使內心不服，還是要以禮待之、禮尚往來，這是做人的基本風度，孔子所說「和而不同」就是這樣的意境，值得我們學習。

八十一

問：有志工反映，慈誠委員給人高高在上的感覺，或許是因為制服不同，或是工作崗位不同的關係，請問如何才能讓志工沒有這樣的感覺？

答：可能是少數的慈誠委員做得還不夠縮小與謙卑，才讓別人感覺有趾高氣昂、不可一世的氣焰。也有可能是自己的主觀或敏感，看到與自己不投緣的委員就心生不順眼。所以，角度不同則看事情的結果也會不一樣。能力高竿不是高高在上，而是懂得收斂藏形、深藏不露，這就是「有若無，實若虛」的虛懷若谷。讓人感覺高高在上的人，就會有高處不勝寒的疏離感，這樣會讓別人不敢親近，即使親近也是無法起歡喜心，更遑論要去與人結好緣，或教化別人。上人說「心中沒有法的人，心裡也會很空虛。」心中沒有法的人才會令自己的心態高高在上，用在自己身上是自卑，用在別人身上即是卑劣慢，這樣的人容易讓自己執著在空有的假名相而成為孤家寡人。其實，高高在上的心態不全然與制服或職位有關，而是與個人的涵養息息相關。有些人富而好禮、富而不驕；有些人雖位高權重，但卻平易近人、樂於助人；有些人則是富而無貴，很會頤指氣使以權勢逼迫人；有些人即便是人窮志短，卻仍貢高我慢、狂妄自大；有些人則一旦有了頭銜或權位就想掌控一切，就要別人一切聽他的。這些都是眾生相，也是凡夫的習氣。既在人群中修行，則免不了會面對這些境界，當我們看見別人的習氣或缺點時，就要反觀自照，檢視自己是否有如此的缺失？看到少數委員或幹部身居要職而深著名相或執迷我相，將來自己受證委員後就不要跟他一樣。別人有沒有高高在上，我們不必太有感覺，但自己有沒有高高在上，就要有強烈的自覺。「登高必自卑，行遠必自邇」，愈是處在高位，愈要虛懷若谷、保持謙遜。大乘佛法的修行要入不二法門，不二就是不能有高低、上下、貴賤、尊卑之分別，這樣才是慈悲等觀。懂得藉別人的境界，去修練自己的心念，這才是有轉念能力的人，也才是懂得善待自己的人。

八十二

問：有些幹部已經快要受證，但習氣還是很重，每次活動過後都會批評別人，又在外頭搬弄是非，有跟她溝通，但不久又是老樣子，這要怎麼辦？

答：上人說：「修行不是行難修，而是眾生習氣深重。」習氣比脾氣更難改，所以才說習氣如用完的香水瓶子，雖然香水沒了，但香味依然存在。習氣也如種子，一旦落地生根，就會繼續萌芽、開枝、散葉、結果，而果實裡的種子又繼續落地生根……沒完沒了，所以才說「習氣是煩惱的殘渣」，看似沒有了，實則還有，蓋因如微塵般難以察覺。不論是見習、培訓，或即將受證，或已經受證，都只是學習及修行過程中的次第而已，離「覺行圓滿」的彼岸還有很長的距離。如果不繼續努力修學，則可能「不進則退」。有些人看似資深，但卻只是時間資深，道行及入法則尚淺；有些人看似資淺，但涵養及入法卻資深。如不時時內觀惕勵，則不只是將要受證者，即使是已受證者或資深的幹部，都會不自覺地習氣顯露而予人反感。

如覺得跟她的緣還結得好，就婉言勸誡，做她的的善知識。如緣還沒有結得很好，則「寧動千江水，不動道人心」。如做不到「觀機逗教」，就退而求其次，學習「應機妙用」，在自己身上下自我警惕及自我覺醒。

八十三

問：培訓志工在活動中與慈委幹部意見不合，產生嫌隙，由於常常無法有效妥協，而生起退心，認為慈濟團體也不過如此，我要如何去勸導她？

答：一種米養百種人，團體中人人各有見解與想法，甚至人人皆有習氣，佛陀時代也是如此，這是很正常的事情，這就是眾生相，學佛就是要學去我執、滅我相。人群中修行要學習如何異中求同或和而不同，雖然與人和睦相處，但也不會人云亦云而盲從附和，也不會事事都堅持己見，這種有所為與有所不為的分寸拿捏是做人處事必須學習的智慧。做慈濟是來做修行，不是來做活動而已，所以切忌在活動中落入事相而忘卻修行的初衷。

團隊必須對內要能凝聚共識與與默契，切莫一意孤行、獨斷獨行，或剛愎自用、我行我素。「集思廣益」是出自諸葛亮所說，意思是集合眾人的意見與思慮，並廣泛察納好的意見，以此增廣每個人的知能，足智多謀的諸葛亮都要以這樣的心態做事，何況是一介凡夫的我們。有時候，昨天的我跟今天的我都會有想法不同而觀點改變，甚至我們昨天才做的決定，今天已看不順眼而有不同的思惟，自己對自己都如此變來變去了，何況對身外的人。這種人的心理現象，佛經早就提醒我們了，就是生、住、異、滅。做慈濟就是要藉俗世顯真理，從人與人相處的人理中去印證佛理，從中學習待人處事、應對進退的人事至理。每個人進步與成長的速度不一，要彼此善解，這需要繼續邊走邊修行、邊走邊調整，不是修別人而是修自己，也不是調整別人而是調教自己。產生嫌隙之際就要立即反觀自照、自我調整，找出嫌隙或苦惱的緣起，用智慧把它化解，這樣才是妙用境界。意見不被接受就要立即解脫知見、放下知見，而不是堅持己見，這樣才是放下的功夫了得。心念上如不能這樣轉化，卻反而心生退轉，這就是凡夫之見，也就是平常雖有在聞法，但關鍵時刻卻做不到行中入法。上人說：「菩薩道就是要在人群中做天下事，天下事困難重重、層層關卡，且關關難過，但只要心中有入法，則關關難過關關過。心過關，事就過關，心通路就通。」所以，路通就不會退轉。

八十四

問：既然以佛心看人，人人是佛，這樣只看優點而不看缺點，那活動如何去檢討，會務怎麼會進步？

答：「大乘論心不論事，小乘論事不論心。」不論事不是不做事或不管事，而是不落入事相。不論心不是不用心或不專心，而是不遇緣生心。既然從走入人群藉著人跟事來學習，則必定會感覺愈敏銳、感受愈清楚。感覺敏銳，則容易洞察對錯、是非、善惡、虛實及優劣等等；感受清楚，則容易對所遭遇之事體會深刻、洞見觀瞻。問題是看到這些現象之後，我們要以何種心念去面對，這就是修行中所謂的「藉事練心、藉境修心」。看到別人的優點，我們要歡喜讚歎，並向他學習；看到別人的缺點，我們要善解包容，並自我警惕，之後還要立即放下，而不是放在心上，更不要因別人的無心之過而讓自己不悅，這樣就是拿別人的錯來懲罰自己。即使別人犯錯了，那也是別人的業，我們如果因此而難過痛苦，那就變成自己的業，此時兩個人則彼此共業。會務要成長就要檢討過去、砥礪將來，但必須是人人都有參加法會的心態，以心平氣和及對事不對人的方式去溝通與討論。同時，也要建立正確的觀念：檢討會不是去責備或批評哪裡做得不好，或誰做得不好，而是要檢討以後要怎麼做才會更好。沒有人會故意在活動中犯錯，也沒有人會喜歡被檢討。所以，如果人人以正思惟及感恩、尊重、愛來參加檢討會，這樣檢討會就變成是以法相會也氣氛溫馨的法會。透過這樣的方式來彼此互動，問題還是一樣獲得解決，也不傷和氣，會務還是照樣進步，何樂而不為。

八十五

問：自己非常想推動慈濟，但其他人則不願配合，於是自己就當「第一個人」。然而，時間久了，回頭一看，發現還是自己一個人在做，究竟問題出現在哪裡呢？

答：度不了別人或影響不了別人，追根究柢就是「無緣」與「無德」。做慈濟既是修心養性、端正行為，因此，什麼事情都是要先從自己做起，自己先改變了，才有可能去影響別人，《靜思語》說「改變自己是自救，影響別人是救人」就是此意，這也是《論語》所說的「君子務本，本立而道生」的人生哲理。懂得把握因緣發願要「做慈濟不能少我一人」，這是自我期許與承諾，值得讚歎，但做到最後只剩下自己一人，這就值得自己去自我警惕了。自己很精進地身體力行帶頭做，但卻無法帶動別人或影響別人也跟著一起做，這其中必有緣故，要開始自我深觀與內省：是否很精進但理念與方向有偏差？是否很會做事但做人不夠圓融？是否能力很好但人緣很差？是否很愛做慈濟但也很愛發脾氣？是否說話很有道理但聲色非常失禮？是否很愛行善但也很愛計較？是否求好心切而吹毛求疵，予人反感？是否剛愎自用、自以為是而缺乏同理心……不勝枚舉，這些都是人群中的眾生相，而我們自己可能就是其中一相。修行就是要透過這些人間事來自我觀照、反求諸己。修行路上如果「德」與「緣」不具足，則不要說要度人，要度自己都很難，而德與緣就要在菩薩道的六度萬行中去努力充實，這就是菩薩道一乘法的修行法門。不管問題是否出在別人身上，我們既要修行、要成長，就須警惕自己：「想要成佛的人，就自己先改。」努力從自己身上去調整與改進，別人看見我們改進、改變、改善了，也會慢慢開始對我們有好感，也會與我們結好緣，而有緣說話是真理，自然而然會比較容易接受我們的言教與身教。

自省，要沉得住氣，並耐心等待因緣。

八十七

問：我們據點的幹部人數不多，但是彼此之間的溝通卻也不是很好，該如何改善呢？

答：不是人數少就會比較好溝通，有時候只是兩個人，但彼此之間的緣結得不夠好，或每個人深著定見，這樣也是難溝通。其實，當我們心猿意馬、雜念紛飛的時候，不要說對別人，連跟自己都很難溝通。相反的，有一些據點志工數千人，但無論橫向或縱向皆溝通順暢，人人一呼百應，關鍵就在於這個團隊或這個據點是否入法有成，及有否建立健全的遊戲規則，簡言之就是靜思法脈與慈濟宗門有否福慧兩足尊。既然開會就是法會，既然是以法相會，當然不怕參與的人多，參與會議的人數雖多，但只要人人以學習的心態來集思廣益，也不堅持己見，這樣也是很容易建立共識，而且一團和氣。上人曾慈示：「要有共識就必須先有共修。」所以，人人參與共修，從中聞法入法非常重要。只要人人心中有入法，也能依法不依人，以參加法會的心念彼此坦誠溝通、藉事練心，每個人都學習不堅持己見，這樣比較能達到共識，其實這就是一種法脈相傳，中間充滿了解脫知見的智慧。志工之間為慈濟事而溝通，須學習不將個人的先入為主及心存定見參雜在內，否則就會造成各持己見的窘境。

八十八

問：怎樣才能啟發志工們有更多的感恩心？

答：活動過後的共修、讀書會或薰法香等等都十分重要，這樣才能「信、解」。活動本身就是要讓我們去「行、證」。只是有信解而無行證，這樣會造成「修而無證」，這是不究竟，因為只內修不外行。只是有力行卻不信解，不知為何而做，或只靠筋骨的力氣而做，這樣會「身累心也累」。

感恩心要從靜思中去培養，感恩心甚至是慈悲的源頭，因此「心存感恩」不只是一種生活智慧，更是接近佛性的出世態度。在慈濟工作中，付出只是一種事相，心存感恩才是真理。付出是有生有滅、有來有去的有為法，感恩是不生不滅、無來無去的無為法。懂得把握因緣、及時付出已經很不容易，但這只是停留在世間法的階段，還要能時時心存感恩，不只感恩順境，更要感恩逆境，這樣才是進入真實之道。所以，付出是方便用法，感恩才是真實入法。《靜思語》有云：「懂得感恩的人最有福。」上人也曾慈示：「人人都要時時心存感恩，才不會在處理事情時有強勢作為或說出重話。」這些智慧法語句句如醍醐灌頂、發人深省，很值得我們隨時惕勵自己。「大愛是慈悲，感恩才是智慧」，因此要悲智雙運，就必須大愛與感恩雙軌並行。志工們要做中覺、覺中悟，體悟了「人身難得今已得」、「佛法難聞今已聞」、「明師難逢今已逢」、「菩薩道難行今已行」，這就是人生最大的感恩。

八十九

問：要如何才能讓志工幹部勇於上臺發表心得？

答：一場演講或一個分享的成功與否，並非取決於演講者或說法者的口才，或他對佛法道理理解的深淺。而是在於說法者對於聽法者心理的了解、需求及根機的認識，這才是佛法的教化力量。所以，說法必須在兩個原則上做到恰到好處：壹、完全符合佛法的精神，也就是須以法為師，以法為道。貳、完全因應說法的時機，若只符合教法，也說得頭頭是道，但卻不符合聽法者的需要，也不契合聽法者的根機，這樣的說法就不好也不合適，也就是不對機。其實，上臺分享就是在瀏覽彼此的心靈風光，上人說：「最好的觀光景點就在自己的內心。」所以應多鼓勵幹部們把握機緣彼此成為聞法者、說法者與傳法者，這樣就是同霑法益、共享法樂。上人說：「有心得但卻吝於與人分享，這也是一種慳貪。」並說：「多分享是慈濟宗門，多入法是靜思法脈。」懂這個道理就知道做慈濟的正確理念。做了幾年慈濟志工，還無法上臺與眾分享一、二十分鐘心得，自己需要自我檢討是在做什麼？在忙什麼？上人以方便權教去做度眾的實教，就是期待最終人人都能入實智而見實相，這是在慈濟活動中會有志工心得分享的環節之故，也是一種用法之妙。如要一位幹部勇於上臺分享，需多鼓勵他在其他社區活動中先分享，通過無數次學習，久而久之也能夠說我所做、做我所說，才能在大場面時上臺分享。上臺分享可從開始三至五分鐘慢慢增加，有一天心得體會多了，可能會上臺容易，反而下臺難。上臺分享不是要把自己訓練得很會講，而是要讓聽眾感覺我們的話很受用、很受益，而我們的分享若能啟發人心、淨化人心，那我們就是一個有口德的人。

九十

問：每一個人對好壞對錯都有自己的想法與觀點，有時候組長要我們聽他的話，照他的方法做，結果我們自己反而不受用，也做得不歡喜，請問要以什麼心態去面對？

答：好壞對錯有時只是觀念的不同而已，甚至不同人所處位置不同也會有不同的角度判斷，其實我們自己也是一樣，昨天跟今天的地緣與時緣不同，或所處的境界不同，也都會想法與見解有所變異，所以佛家才有「變異生死」之說。無論是方法、做法或想法，一切都是「法無定法，法本無法」，只要能對機受用或悉歸實智，就樣就是妙法。問題是團體這麼多人，眾生根機不整齊，要人人都同時對機也是不易，甚至不同的人聽同一個人講話都會「法隨眾生，各得其解」。方法是屬於宗門的領域，也是世間法，可隨其所堪而方便用法。然而，方法雖可因人而異，或因地、因時制宜，但須確保「萬變不離宗」及「萬法歸一」，這個「宗」就是指法源；這個「一」就是法脈。宗門的世間法不能離開法脈的出世間法，一個是方便法，一個是真實法，就如火車必須雙軌並行一般，如此才不會偏離正道。方法可彈性善巧、變化使用，這樣才會成妙法；法源須原封不動、守之不動，這樣才會有所本。身為組長或領眾者，有時必須綜合大家的意見做出最後決定，而這個決定後的方法或做法也不一定是大家過去所習慣的，所以要做到大家都滿意也是不容易，換成我們做組長可能也是如此。有時候方法好不好用其實跟方法本身無關，而是跟我是否有常用而成習慣有關，因為一回生二回熟，久了自然熟能生巧。如組長的想法或觀點沒有違背慈濟的理念與原則，也就是目標與方向不偏差的話，我們也可期許自己隨機應變，藉組長建議的不同方法去訓練自己的應變能力，這樣就是妙用方法成為妙法。然而，如感覺組長要大家所用的方法是明顯不如法，或違背中道而偏差，亦或大多數人不適用，則以共修方式大家以理性冷靜的態度來討論，以參加法會的心念來集思廣益，人人學習放空自己、取人之長補己之短，並學習從中解脫知見、不先入為主，這樣才是修行道場的人文，做得到就是這個道場有道氣。有時候，參考別人的想法及嘗試別人的做法，學習別人成功的經驗，警惕別人失敗的原因，這也是一種生活的智慧，須謙卑學習、虛心受教。學佛不但不要妄心分別，還要繼續做到捨妄歸真、反璞歸真，不能改變組長，就只好改變自己，這樣才會一切都是好因緣，也才會令自己一切隨緣自在、隨境而安。

九十一

問：怎樣讓新進志工在慈濟能做得長久？要用什麼心態對待新進志工？

答：新進志工就是新發意菩薩，也就是初發心。初發心最清淨、最真誠、最柔軟、最有力，所以佛法才說「發心如初，成佛有餘」，道理在此。菩薩道要走得長久不只是新進志工要學習的功課，更是已受證慈誠委員們要自我警惕的道心，蓋因「日久見人心」。歡喜來做慈濟已屬難得，但還須時時自我警惕，不是生活找到寄託就好，還要讓生命有所解脫。慈濟是一乘大法，屬大乘佛法的菩薩道法門，強調入人群去體悟佛法生活化的哲理，如此才能從中體悟四諦法的「苦、集、滅、道」，進而以四念處的「觀身不淨、觀受是苦、觀心無常、觀法無我」為安住，這樣就是朝著解脫與覺悟之道邁進。要讓新進志工了解做慈濟是來做修行的，不是來做好玩的，並且不是有做就好，而是要做就最好。投入志工行列是來藉事練心、改變習氣，從中學習做人處事的道理，進而了解生從何來、死從何去，一旦了解了，還要解行相應，從身體力行中去印證生活周遭都是佛法。勉勵志工，慈濟的修行理念是，默默付出無所求，還要再心存感恩，蓋因「付出是方便法，是事相；感恩是真實法，是真理。」慈悲的源頭就是感恩。有所求就有求不得之苦，無所求則無欲則剛無煩惱。如此，做得心生歡喜也心智成長，自然會做得長久。對待新進志工跟對待任何人應是平等無分別的心念，這樣才是平常心，也才是慈悲等觀。待人要誠，聞法要敬，雖是新進，但聞道有先後，術業有專攻，我們仍須互相尊重、互相學習。道理深切體解了，就是入法有成，這樣就不會停停退退。

九十二

問：請問應利用什麼方法使我們的志工能夠精進承擔、隨傳隨到？

答：讓他了解菩薩道上要成長，就必須心行皆入法，有入法就有法度，不入法就無法度，蓋因有法就有活力，而活力跟精進是共生的關係。上人說：「很有才華也很有能力，但就是不敢承擔，這就是凡夫。」習慣逃避承擔的人，也比較會逃避現實、逃避問題。這樣的人心理健康比較差，適應變遷的能力比較弱，當他這樣的人碰到困難的時候，常常會說壓力很大，挫折感很重。

然而，有些人因家業或事業，或因緣未熟而無法精進承擔，我們須給予善解與體諒，有些人雖時間很多但俗事纏身、心有旁騖，所以請他來承擔工作也是難，或已退休但卻好樂於遊山玩水、吃喝玩樂，沒有智慧安排自己的時間，這種人不要說是隨傳隨到，偶爾要請他來也是難。雖說「佛不度無緣之人」，然而現在無緣不代表未來無緣，這些都是我們要給予啟發並隨時創造因緣讓他有機會接觸正信佛法的人。其實很多慈濟志工當初也是被身邊的善知識半推半就而接觸慈濟，最後自覺找到慧命的歸依處而如今精進不懈，這是每一個人心智成長的過程。上人說：「已聞法，還要勤行道，但如已行道，卻慢慢來，這樣也是無法度。」所以，已經投入慈濟了，就要能懂得用智慧安排時間、用善巧妙用時間，用速度換取時間。做得到，就能隨傳隨到；做不到，則會所在你家隔壁你也不會到。我們要讓志工感覺在慈濟裡有被需要，同時也要讓大家在付出中獲得鼓勵與肯定，對於志工，我們只有感恩的義務，沒有抱怨的權利。要讓對方知道，因您是有能力的人，所以才會常常被需要。「心靈不缺叫做『富』，常被需要叫做『貴』。」所以，一個人的身價是要看關鍵時刻或別人最需要你的時刻，你有沒有出現。也要讓志工們了解，須培養「勇於承擔」的精神，而非僅有「樂於配合」，而這個承擔也不單指承擔工作，還要能承擔責任，一旦能承擔工作也能承擔責任，還要繼續警惕自己不要因為責任感重而以自己的頭銜跟權力去指揮一切，要大家都聽你的，上人說如果是這樣那就是落入凡夫的煩惱境界了。

九十三

問：我們這個據點的志工有五百位以上，在義診發放或大型活動的時候，大家皆會踴躍參與，但是當在被通知前來參與讀書會或早晨薰法香的時候，則人數明顯變少，這要如何去激勵？

答：做慈濟要先能「明其體，知其法」，才不會造成不知為何而來？不知為何辛苦？為何忙？身靜容易，心靜不易；身的獨處容易，心的獨處則不易。每一個人每一天都要有時間讓自己的心靈獨處跟沉澱，這樣才能透過內觀及自省去找出還可以讓心靈成長的空間。一個人無論是獨處或群聚都能不因別人的喜怒哀樂而有所羈絆與影響，這就是最好的獨處。慈濟宗門是入人群參與志業活動；靜思法脈是入經藏體解佛法的真理大綱。只入宗門而不體解法脈，這是「有行無覺」；獨覺自修而不入人群，這是「覺而無行」，如兩者缺一，則修福不修慧或修慧不修福，這是覺行不圓滿，不是究竟的修行法門。所以慈濟菩薩道才說「靜思法脈勤行道，慈濟宗門人間路」，其中的勤行道指的就是菩提大道；人間路指的就是志業活動，兩者互相銜接並交叉運用，就是慈濟法門的用法之微妙。身體可以做到很精進，但心地不一定可以很清淨，這是因為身動心也動、身忙心也忙，對治之道就是「動中修靜，亂中修定」，此即三昧。很多人在做慈濟後，雖然是滿心歡喜，也感到為善最樂，但由於不愛讀書也不愛聞法，因未能深入經藏、體解大道，造成智慧無法提升，這是很多人學佛不能進步的主因。知道這個道理之後，就要一邊入人群、一邊入經藏；一邊入宗門、一邊知法脈。這樣才是由入人群的善門走入入經藏的佛門，也才是一邊做著凡夫的事情，一邊朝向聖者的境界邁進。

九十四

問：有些負責帶動活動的幹部，雖樂於投入活動，卻無意願參與會議及薰法香，該如何勸導他們？

答：樂於投入活動，這是積極投入宗門而走入人群，是值得讚歎。但如只是入宗門卻不解法脈，雖從活動中培養了聰明、能力與經驗，但智慧卻無法增長，這樣就很可惜。此猶如球員只想參加比賽，卻不愛集訓，也如學生很愛參加考試，但卻不愛讀書，這樣球技與成績也是不會進步。參加活動叫做「做」，在會議中集思廣益、溝通觀念、凝聚共識叫做「學」。薰法香就叫做「上求諸佛妙理」，入人群就叫做「下化有情眾生」。能做中學、學中做，也能法入心、法入行，如此才是「法脈不離宗門，宗門蘊藏法脈」，這就是菩薩道的「方便中蘊藏著真實」，簡言之就是「隱實施權」。負責帶動活動的幹部必須知曉如此的微妙法，才不會在活動中落入事相，也才不會活動中因人因事亂了心。要理解活動只是個方便法，從活動中體悟「身動心不動」、「身忙心不忙」，以及「身在人群，心是獨處」、「身處亂境，心是離境」，這樣才是從有為法中探求到無為法，也才是由方便走入真實。

九十五

問：請問有些本來是我們的志工，也是我們的幹部，當他們離開了慈濟這個大家庭後，我們應如何再「請」他們回來？

答：修行像一個圓形跑道，總是難免有人進進出出、來來去去，甚至我們自己稍一懈怠都會停停退退，這是修行團體中種種的凡夫境界，兩千五百多年前佛陀時代的佛弟子們也不例外。然而，佛陀開權顯實、隱實施權，用種種方便權教，為的是導引弟子們入真實實智，這是覺者教化弟子的善巧與睿智。如上人諄諄教誨慈濟人須日日薰法香一樣，為的就是要弟子們在菩薩道上尚未懈怠或停退之前先進行道心鞏固工程，因為只要心中有入法，自然不會在菩提道上停退消失。菩薩道上停退消失我們不能主觀或武斷說是法未入心，可能是因緣轉變之故。所以，上人曾開示：「不能只靠緣做慈濟，這樣會緣盡法散，必須靠發心立願。」只要願大志堅，也心行不離法，即使尚有快慢之緣，至少不會輕易退轉。針對此問題，通常可由關懷組師兄姊或跟他比較有緣的志工前往法親關懷，從中了解個中真正原因並給予鼓勵與疏導，可能因為我們一個真誠的關懷而讓對方重拾初發心。此外，善巧鼓勵他給自己一個破繭的機會，由我們陪伴他前往就近的靜思堂或社區道場薰法香或參與適合他的活動，以此聯誼方式找回失去的動力。如果已經盡力而因緣還是不具足，那只好耐心等待因緣或隨順因緣。

九十六

問：如有委員或藍天白雲幹部，常會指揮灰衣志工做事，請問要用哪一種法門應對？

答：既來修行，就須學習慈悲等觀，沒有上下高低之分。眾生皆平等，指揮本身就有上對下的心態，這樣不好。所以，慈濟的修行團體不講「指揮」或「管人」，而是「樹立人文典範」，也就是「以身示教」，此即身教。如指揮的事情沒錯，也很合理，但因有指揮的心態而造成指揮的聲色也不會很好，甚或自己不做卻只會指揮別人做，則對方心態不對的部分我們就警惕自己不要學他。然而，所指揮的事情本身沒什麼不對，我們就秉持「依法不依人」及「依道不依勢」，仍然放寬心量給予配合，這樣才是孔子所說的「不以人廢言」。相反的，如交辦的事情不恰當或不如法，則即使是聲色柔和、和顏悅色，甚或彼此私交很好，我們還是要「依法為本」、「以法為舟」，不能因為私情牽絆而遷就他，如遷就他，就會如孔子所說的「以言舉人」。灰衣志工將來也會被受證成為委員、慈誠或幹部，那時候應該也會希望人家能聽信於我們的引導或帶動，而我們也不希望新進志工們覺得我們是在指揮別人，能這樣以同理心內觀自省，並從中將心比

答：常常來，又做得歡喜，表示目前的承擔量及工作性質或時間上剛好適合她，她也從中獲得法喜而不言累。不能全力以赴，可能是能力尚不足以承擔更多，也可能是還有其他後顧之憂，因緣如此我們也不能強求，必須給予善解，畢竟這都是靠自己的發心。一邊行善一邊計較，或很愛行善，但也很會障礙別人行善，這些都是屬於有漏的功德。既是修行，就要付出無所求，還要心有正道、行於中道，如此方能做得歡喜也避免煩惱。有些人雖然了解道理如此，但卻做不到，此乃能力尚未提升之故，其實這也是一種無明，需要假以時日的自我學習與精進，每一個人的修行過程都是如此。有能力全力以赴的人，就趕快把握因緣盡心盡力、盡力而為，沒能力全力以赴者，就隨分隨力、量力而為。慈濟菩薩道要學習「福從做中得歡喜，慧從善解得自在」，要做得歡喜自在不但不能比較與計較，還要提升能力也用對方法。《靜思語》說：「碰到困難是能力不足，碰到煩惱是方法不對。」就是此意。至於要如何改變她？最好的辦法是，「自己先全力以赴，以此身教做給她看」。

九十八

問：慈濟的大部分活動都是安排在週日，但是同一天也須陪伴家人或出席許多應酬，該怎麼辦？

答：既知做慈濟是找到心靈的歸依處，也是人生一大事因緣，它讓我們的日子忙得很有意義也很充實，這樣就是人生抓到重點。然而，要投入的時候卻又被家業或事業纏身，這是心智成長過程中需要面對與克服的問題。想要做也喜歡做的事情不一定是必須做的事情，這是要用智慧取捨。既然週日必須陪伴家人而無法參加活動，那就利用非週末日的時間前來也可，慈濟活動不是只有週日才有，平日也是有一些活動適合週末日無法前來的有心人參與。有錢可買大時鐘，但卻難買一秒鐘，浪費時間很容易，但把握時間不容易，一天二十四小時是固定的，如能充分善巧安排與妙用，則時間的長度雖不能增加，但寬度與深度則可以。要這樣，就要懂得事情輕重緩急與本末始終的取捨，讓家業、事業及志業三者做到很圓滿的時間分配。儘量在完成自己的本分事後，安排時間做慈濟，這樣也算是盡心盡力。時間不允許的情況下只參加一個活動，但也能守之不動，這樣也是算道心堅固。不怕抽不出時間，只怕無心，常常薰習正法，心存正念，繼而讓正法融入生活，慢慢就會體會「很忙但還有很多時間，很忙但很不累。」這就是心中有佛法行中有妙法的心地法門，此如人飲水冷暖自知。

九十九

問：有時慈濟分會活動多，加上又要落實社區，這過程中必須開很多的會議，因太忙而令自己起煩惱，該怎麼辦？

答：老實講，以前未參加慈濟的時候，我們也都是一樣在忙，只是忙得比較沒有方向、沒有重點。現在把握因緣要做慈濟，精進的人或承擔多的人就會比較忙。不過既已投入菩薩道走入人群要為人群付出，就要學習身忙心不忙、事繁心閒、忙而不亂。活動多會議也多就必須加強議事效率，類似的會議可以合併舉行以節省時間，同時重大議題最好籌備小組先開會前會，事先取得彼此的共識之後才召開正式會議，這樣能提升會議的議事效率，同時決策品質也會更有保障。

如自己是承擔多的重要幹部，所須參與的活動相對增多，這樣須參與討論的會議自然是很多，如因此感覺工作及時間超載，此時就須思考傳承一事，讓別人也有學習的機會。在慈濟工作中，任何會議都是法會，不只是在討論事情，而是從中學習如何以事顯理，進而理事相通、理事相應，最後達到理事雙融，這就是成功的法會，只要能從中入法，自然就會。如只是忙，但卻忙到失去方向、失去重點，也忙到沒有時間自我沉澱與自我檢討，這樣活動有餘、清靜不足，造成身忙心也忙、身累心也累，此時煩惱自然如影隨形，這樣反而是一種危機。帶著求法與學習的心態參加會議，雖然忙但是忙得歡喜又有成長，自然比較不會累，而是法喜充滿，這就是心念的轉折。

一百

問：慈濟是藉活動來修行，有時活動太多造成家業或事業無法兼顧，而讓家人起煩惱，要怎樣來調適呢？

答：六祖大師說：「佛法在世間，不離世間覺，離世覓菩提，猶如求兔角。」佛法跟世間法本來就是兩者一體，想要學出世就要先學入世，世間法如不了解，就無法了解出世法。世間法講因緣、重次第，也重視圓滿與恆順。修行也是要循序漸進，要圓滿也要圓融，事業及家業要先照顧好，修行才不會有後顧之憂。但這不是意味等家業、事業都照顧得很好了才來修行，有些人價值觀不正確，對於事業及家業照顧好的標準是訂在永無止盡之處，尤有甚者，深陷私情小愛及名利慾望的輪迴之中，這樣就無緣修行了。在家居士可將原本無意義的休閒、看電視、逛街、看電影等時間節省下來，改為多聽佛法、多看佛書、多做好事。自己該做的本分事做好了，也將自己的習氣、脾氣改善了，家人比較會因我們的身教養成而慢慢受到感化。家人一旦認同，我們就會有更大的修行空間。如果因為我們自己的改變而影響家人一同來做慈濟，而成為慈濟家庭，如此全家做慈濟，全家一起成長，這就是共善業的積善之家。要這樣就要悲智雙運。

一百零一

問：我自己投入慈濟之後，每天都做得很歡喜，也發願要接引先生一同參與慈濟，可是迄今他仍尚未有所行動，該怎麼辦？

答：參與慈濟之後，就是要修行的開始。既是修行，缺點就要逐漸減少，優點逐漸增加。然而，學佛沒有速成班，也沒有捷徑，修行更是須日積月累、次第學習，所謂「不經一番寒徹骨，焉得梅花撲鼻香。」就是這個道理。

要影響別人之前，必須先改變自己，自己對慈濟的大乘佛法受用也受益，謂之「對己妙用」，亦即「調心」。之後，再將所受用之法去接引別人並影響別人，謂之「對外度眾」，亦即「化緣」。對內對外須同步進行，謂之「自度度人、自覺覺他」。當身旁周遭的人發覺我們在參與慈濟之後，漸漸改掉許多不好的習性，形象氣質也逐漸變好，也不會輕易對人生氣動怒，因而也會對慈濟產生興趣與認同，如此也間接對我們的宗教有好感，甚至善念啟發，而來了解慈濟。當他們開始接觸慈濟並被慈濟精神所感動後，也會有意願投入慈濟，這是每一位投入志工的慈濟人心智成長的過程。先生還不能進來慈濟，自己就須再精進努力充實自己、提升自己，期許以自己的身教成為最好的說服力。當盡其在我，還須順其自然，畢竟佛法是重因緣、講次第。所以，還須耐心等待因緣，並且感恩先生的成就，讓我們參加慈濟沒有障礙。

一百零二

問：看到香積菩薩及環保菩薩們總是默默地付出，請問為何他們能夠如此發心投入與放下？

答：因為他們認為這不只是一份工作，而是一個既是修行也可以與大家廣結善緣的機會。由於這些菩薩深知廣結眾生緣的重要，所以在每次活動中自動承擔，主動付出，總是多做少說。雖會疲憊，卻滿心歡喜；雖會辛苦，但皆化為成長的喜悅。其實，不只是香積或環保工作，慈濟四大志業八大法印都是世間法，也是方便法，這是「慈濟宗門」的部分，它的觸角廣伸，為的就是要接引及淨化更多的有緣人。能把工作的辛苦化為心智成長的幸福，把人事磨練的痛苦化為心靈蛻變的痛快，也能把人群修行的考驗昇華為自己人生的歷練，如此就是出世的態度，也就是進入「靜思法脈」的領域。能入宗門，也能知法脈，為「權實一體，純一無雜」，這就是精進與喜悅的力量泉源。

一百零三

問：在做環保工作的時候，有些人只選擇輕鬆的工作，而讓別人做粗重的工作，這樣會不會工作分配不均？

答：大家利用下班時間來投入做資源回收，讓垃圾變黃金，黃金變愛心，這都是難得的有心人，值得給予肯定與讚歎。已發心投入大地的環保，更要警惕自己也做好心靈的環保，既然在行善，就不要有計較的心念。力量大的人就多做一點，力量小的人就少做一點，多與少或輕與重宜隨分隨力，不要有計較或罣礙的心。既然拿它當修行，就是「公修公得，婆修婆得」，況且「多做多得，少做多失」，能做得多或少是與自己發心的程度及因緣有關，與別人無關。

當別人只選擇輕鬆的工作做，可能是身體不能負擔太重，我們除了鼓勵他多承擔之外，唯有善解與感恩。承擔從小到大、少到多、輕到重，甚至從簡單到困難，這是每一個慈濟人修行的心路歷程，也是一種學習與成長的過程，我們唯有深自期許，無從勉強他人。即使要鼓勵或接引更多人來做，也是要自己做得夠多，也更謙卑縮小，才能有說服力。須自勉，簡單的給別人做，困難的留給自己，這樣不只別人容易產生感恩心，而我們也一樣會感恩得到學習的機會，如此就是彼此感恩而一團和氣。我們須學習上人所說：「只有感恩的義務，沒有抱怨的權利，懂得感恩的人最有福。」能這樣心存正念，則不起煩惱。

一百零四

問：我們正籌辦一個大型音樂晚會，目的在募款與募心，但我們顧慮到慈濟節目內容多數是慈善與醫療的影片觀賞，而手語與話劇的呈現則會讓人感覺比較單調，因此深怕觀眾會因冷場而不喜歡。對於大型活動之舉辦，應秉持何種心念？

答：慈濟志業的大小活動是方便法，是慈濟宗門；透過活動淨化人心、度化人間則是真實法，是靜思法脈。大小活動都是法會，籌辦活動的主要目的就是要透過人文精神的展現，去營造人文情境，藉此弘揚宗門、宣揚正法。因此，不是要刻意媚俗去迎合觀眾口味來策畫活動，用方便法度眾生是沒錯，但必須方便中仍蘊藏著真實，如此才不會熱鬧有餘、道氣不足。淨化人心必須靠慈濟清流來主導，舉辦活動可以活潑，但不是要強調熱鬧，而是要溫馨有內涵，尤其是音樂會或入經藏演繹，都不是表演性質，而是臺上與臺下皆入法海的法會。溫馨的人文情境可以透過志工聲色柔和及尊重與關懷來營造，而活動內涵更是要展現我們平時薰法香後的充盈道氣與個人的清規戒律，這樣活動中才會充滿道香、法香與德香，這才能撼動人心、攝受人心。依這樣的精神理念去辦活動，觀眾不但不會有煩惱心，活動也不會冷場，而且依過去幾十年來的經驗，會眾大德是法喜充滿，感受深刻，因此對自己的法要有信心。

一百零五

問：我是社區志工，我覺得時常要去分會靜思堂參加培訓或共修很不方便，可否讓大家方便，就近在自己的和氣組或互愛組裡，或靜思書軒裡自辦培訓課程？

答：現在慈濟據點遍布全球，慈濟宗門與靜思法脈如不能雙軌並行、並駕齊驅，則志業推動就會偏離正道或走入偏門。因此，若要讓宗門的人間路與法脈的菩提道無縫接軌，則建立一個與時並進也能長治久安的培訓制度是勢在必行。有鑑於此，臺灣已開始落實「活動在社區，培訓在區域」的概念，也就是志工們平日活動落實在社區，但每個月的培訓課程則以區域劃分，集中在某個分會靜思堂或某個合心區上課，而課程內容則由經驗與理念具足的合心培訓幹事們負責策畫，這與過去由和氣或互愛自行在社區培訓的做法迥然不同。這樣的做法除了講師的安排可以資源共享之外，志工齊聚一堂道氣也較充盈，而且也避免社區自辦培訓因經驗與理念不足而法脈無法順暢傳承的缺失。例如臺灣北區包括整個大臺北市及新北市所有培訓志工集中在關渡上培訓課，宜蘭、花蓮、臺東每月培訓課則在花蓮靜思堂上課，雲林、嘉義、臺南每月培訓課則在臺南靜思堂上課，海外據點也應照如此方式進行培訓課程，這就是慈濟的「新法必知」。

一百零六

問：我很想投入當慈濟志工，但是我的工作很忙，住家也離會所很遠，這要如何是好？

答：不是「很忙！沒有時間」，而是「很盲！看不到還有時間」。看不到還有時間不是真的沒時間，而是我們不具慧眼。會所再怎麼遠也比不上心的距離遠，只要有心就不遠。如果覺得會所真的很遠，那麼只有一個方法可以讓距離變得不會遠，就是「常常去，就不會感覺遠！」這是已經成為習慣。會所蓋在我們家附近，如果不想去也是會感覺遠，一切都是唯心所造。自己需要懂得取捨，哪些事是該做或不該做，並用智慧去安排有限的時間，這就是生活的智慧。所以，「很忙」是藉口；「很遠」是無心。二〇一四年年中我去離吉隆坡兩小時車程的一個共修處辦心靈講座，當地僅有十二位灰衣志工，沒有任何委員與慈誠，彼時他們已進行了兩個月的「晨鐘起，薰法香」，當我問起他們薰法香的情況時才得知，一位師兄每天清晨須開車四十分鐘來到會所，另一位師姊則須開車半個鐘頭，我問道：「距離這麼遠，會不方便嗎？」他們卻不假思索地回道：「每天的薰法香讓我們一些原本習氣深重、脾氣不好的志工改變很多，我們都非常法喜。」同年底，他們的鄰州發生五十年大水患，我前往協助救災，在災區我們巧遇，我再問起薰法香是否仍持續？彼等面帶笑容歡喜回道：「我們還是繼續薰法，沒有停止。」這就是信心、毅力與勇氣兼備，則無事不成，很值得我們學習。然而，如果所屬據點會所或可以連線的環保站真是很遠，為顧及安全，則在自己家恭聽大愛臺《靜思妙蓮華》或《人間菩提》的上人開示，則是可以諒解之事，至少比沒有聞法來得好。行善及聞法之事只能靠自己發心，勉強不得。

一百零七

問：慈濟所行的菩薩道，都是依照經典所說，但身為慈濟人如果只是行善造福，而沒有聽經聞法，這樣所做的都無法印證是哪一部經所云，是否需要安排講經？

答：上人現在每天清晨開示的《靜思晨語》就是在講經說法；每天早上上人親自主持的志工早會就是在心得分享。《靜思晨語》所講的就是法脈；志工早會所講的就是宗門。也可說，多聞法就是法脈；多分享就是宗門。所以，《靜思晨語》與《人間菩提》就是推動慈濟志業的法源。佛陀用了四十二年的時間，以方便法說妙施權去應機教化眾生，而弟子們也都學有所成，到最後七年要將弟子們安立在菩薩道上，目的就是提醒弟子們不能

「覺而無行」，意思就是不能只有內修而無外行，強調必須走入人群去行菩薩道。所以，佛陀最後七年所開講的《妙法蓮華經》就是菩薩道修行的論述基礎與出世的精神。慈濟人大多是從宗門的方便法進入，這是投入人群的外行，然而如果只是外行而無內修，則變成有入宗門而不知法脈，亦即有入悲門，而不入智門，這樣就落入的所謂的「行而無覺」。無論覺而無行，或行而無覺，皆為覺行不圓滿，這不是「如來真實義」，也不是法華精神。所以，慈濟菩薩道精神就是法華精神。因此，慈濟人如要在菩薩道上福慧增長，就須在走入人群之際，也同時深入經藏，這中間每天清晨的「薰法香」是依經入道的必修功課。然而，《法華經》的精神層次十分深邃，一般人不容易理解，所以上人才說：「《法華經》的經文隨便拿一個字來講，都會講不完。」因此，上人在每天的《靜思晨語》中暢演《法華經》，就是與時並進以現代慈濟人慈濟事去印證經中所闡述的義理，這就是以人間的俗事去顯佛理，這樣我們所聽的經就比較能理解，所以《法華經》的經文雖然「甚深」但卻「微妙」。慈濟人在全球的點滴付出，皆以平面文字相片及動態影視巨細靡遺地保存，經日積月累而成「慈濟大藏經」。慈濟大藏經也不是在藏經閣裡面，而是在四大志業八大法印的歷史見證當中，這樣的修行法門就是深入經藏的薰法香與走入人群的做慈濟，一個內修，一個外行，兩者相輔相成、並駕齊驅的「大乘佛法」。

一百零八

問：慈濟人發揮了慈濟精神，在人群中力行與實踐，但不見得大家都懂佛理，在不理解佛理的情況下，慈濟人真的能體會到慈悲喜捨嗎？

答：無論是從善門入慈濟，或從佛門入慈濟，一旦加入慈濟就是走入修行的領域，也就是透過人群中的實踐與力行而從中去學習做人處事的智慧，這是上人教化慈濟人的「隱實施權」，其微妙之處是透過權巧應教而達到「以事顯理」。很會做事卻不會做人，或所做善事不能與經文相應，這樣充其量只是修福而沒有修慧。然而，每一個人對佛法的攝受與領悟，會有利鈍高低之別，但這並不會影響做慈濟過程中每個人程度不一的喜悅之心。佛法是八萬四千法門，法法相通、道道相通，無論眾生根機之大小利鈍全攝，就如大雨下在森林中，大樹小樹、大草小草皆會依其吸收能力之強弱而各受其惠。既是在人群中修行，就要學習「依經入道，以解導行」。這個「道」指的就是菩薩道，「行」指的就是菩薩行，慈濟法門強調「內修菩薩心，外行菩薩道」，內修就是靜思法脈，外行就是慈濟宗門，能內外一體、心行平等，自然就能理事相通、理事相應。一旦理事圓融，自然就能以俗事顯真理，所以沒有俗事就不能顯真理，然而真理也是須在人群中印證。唯有走入人群才有機會藉事練心，也才能將凡夫事變成天下理。學佛就是要以慈悲喜捨之心，起救苦救難之行，這中間的慈悲喜捨就是「四無量心」，要將它力行於外。然而只是外行還不夠，還須內修，這個內修於心就是「四弘誓願」。所以，如來真實義就是「內修四弘誓願，外行慈

一百零九

問：慈濟做環保，會不會影響那些以收舊報紙及破銅爛鐵者的收入？

答：慈濟無論是在臺灣或海外據點都積極推動「環保救地球」的觀念，全球許許多多的環保志工紛紛投入自己社區的資源回收工作。透過大地環保，上人也積極呼籲慈濟人要做好身體的環保及心靈的環保，身體的環保就是齋戒，心靈環保就是淨心。以慈濟法門來講，大地的環保是宗門方便法，身心的環保是法脈真實法。只做好大地的環保，卻做不好身心的環保，這是「外清內濁」。所以，資源回收工作不單單是在做環保，而是慈濟人的修行道場，所以它是環保教育，沒有要靠回收資源去賣錢的想法。其實，慈濟即使投入這麼多環保志工進行資源回收，大地還是有那麼多取之不盡的回收物，蓋因丟棄物品的人多，而進行資源回收的人數比例還是偏低，所以不致影響收舊報紙及收破銅爛鐵者的生計。環保救地球是需要嚴肅面對的全球議題，不能只是為了擔心收舊報紙或收破銅爛鐵者的生計而停滯不前。此有如因為擔心傳統雜貨店的生存，而廢掉所有的便利商店，道理是一樣。便利商店已取代傳統雜貨店而成為現今社會的重要生活機能，這是時代潮流的勢之所趨，我們不能反其道而行，任何人有大力也莫之能逆。如果有家庭須靠年長的老人去拾荒幫助家計，慈濟希望該區的有心人能提報給慈濟，由慈濟給予適切的關懷與協助以幫助其生計，甚至可視其情況給予長期濟助。

一百一十

問：為什麼慈濟要做那些政府本來就應該要做的事，例如水災、火災及其他種種天災的災難援助。而那些需要幫助的個案又不可以馬上去幫，還要等開會通過。

答：許多天災人禍造成大小災難，本屬政府應該要做的事情，但在目前壞劫時期的很多情況下，災難太大或災區遼闊，造成政府兼顧不到，或來不及應變，甚至政府也未曾有過這種大災難的救災經驗，例如：臺灣九二一大地震、莫拉克風災、日本三一一複合式大災難、南亞世紀海嘯、四川汶川大地震、美東桑迪颶風災難、二〇一三年底的菲律賓海燕風災，以及二〇一四年的馬航空難、澎湖空難、高雄氣爆、復興航空基隆河墜機，此外還有二〇一五年四月底的尼泊爾大地震等等，這些都是慈濟曾大力動員救災過的大型或跨國大災難。若不是慈濟歷經多年練就一套救災理念與智慧，以及動員跨區及跨國志工的機制與經驗，怎會有災區重建及人心膚慰的顯著緊急救災成效。現在我們回首來時路，莫不感恩慈濟有完善的社區志工制度，及全球區域劃分，以及井然有序的跨國志工動員機制，其跑在最先、做到最後的一貫精神深深被各國政府及國際社會高度的肯定與認同。現在末法時期災難偏多，且災情多是十分慘重，光靠政府的救災機制與人力資源，實不足以在短時間內達到緊急的救災功能與時效，而值緊急救災救難的關鍵時刻，非政府組織的人道救援團體的適時投入，可以補政府之不足，這是全球每一個國家皆然。以救難工作來說，慈濟不是第一線的救難行動，而是第二線的協助角色，例如提供第一線救災救難人員的熱食供應，受傷及罹難家屬的膚慰陪伴工作，以及往生者之助念等等。就舉最近兩年發生的事件來說：二〇一三年發生的菲律賓海燕風災，及二〇一五年四月發生的尼泊爾世紀大地震，至今這兩個災區的中長期重建仍在進行中，政府提供土地，慈濟進行重建或搭蓋臨時組合屋，這些都是在補當地政府之不足，也是慈濟在善盡國際社會一份子的角色，即使發生在二〇一五年七月的八仙樂園塵爆，臺灣的慈濟志工也是至今關懷與陪伴的工作未曾停歇。其實，在人生中也有許多事情是我們自己應該要做的，但我們卻無能為力或力猶未逮，而須藉由有緣人及有心人的及時伸出援手，讓我們及早解困，這就是人與人之間珍貴的互助與互愛。發生在許多不同國家的大小災難，嚴格說來也應屬政府的事，但如果災民中有我們的親人時，相信我們不會說那是政府的事，也不會說等政府來救就好，相反的，還會

一百一十一

問：常被人問到慈濟雖是一個慈善團體，但卻花了許多錢去蓋靜思堂或會所，難道不能將這些錢拿來做慈善嗎？

答：慈濟的善款既是來自十方，則當以誠正信實的精神去進行專款專用。捐款者如指名是要做本國濟貧，則慈濟不會將之用於本國的建設或國外的救災。捐款者如指名要做建設基金，則慈濟不能將之用於濟貧或醫療。捐款者如指名要救援國際賑災，則慈濟就將此善款用於國際災難，而不會用在本國濟貧或醫療補助，或其他項目不符之處。所以，會員捐給慈濟蓋會所的善款，慈濟就要用在興建靜思堂或會所的建設，絕對不能用於濟貧或其他用途。此外，蓋靜思堂不同於蓋寺廟，由於慈濟法門是一乘真實法的實踐法門，強調人間路與菩提道互相銜接，如此就須走入人群去聞聲救苦，這需要很多志工的投入，因此需要人間菩薩大招生，所以全球各地的靜思堂及許許多多的社區道場，實質上就是志工菩薩的訓練場，是學佛、聞法、說法、傳法的道場。靜思堂並不是觀光的景點，更不是讓人朝拜求佛的地方。

一百一十二

問：慈濟團體日益龐大，是否是用企業化的方式經營，才會成長如此快速？

答：企業與志業在本質上有極大之不同。企業追求的是「大」，志業講求的是「穩」。企業重視的是結果；志業重視的是過程。企業是刻意追求、創造利潤；志業是不為名利、隨順因緣。慈濟是行善與修行兼具的志工團體，因為強調參與者須有使命與責任，所以才稱做「志工」。既是濟世志業，則有推動的精神、理念與法源。它強調的是「心中有戒，行中有愛」，以及「以戒為制度，以愛為管理」，這是「內修外行」的大乘修行法門。「內修菩薩心，外行菩薩道」，哪裡有苦難就在哪裡出現，謂之「菩薩所緣，緣苦眾生」。至於企業，則必須以市場為導向，哪裡有利可圖，就往哪裡去，或怎麼做才會有利潤，就必須要怎麼去做。企業雖也會強調人性管理或目標管理，但都是在管理別人，目的雖也是要啟發人的潛能，然最終還是利字當頭，這是商場上競爭與營利的心態。然而，志業是修行性質，本質上是「師父引進門，修行在弟子。」它強調的是自我約束、自我管理，不是管理別人，而是樹立人文典範。不過，志業與企業同是人群團體，自有其共通點，皆在人群中做事，尤其是兩者皆著重實踐與力行，因此須建立制度，以期許「人人有事做，事事有人做」，及「人適其職，人盡其才」。以企業來講，這樣才能發揮經營的績效，創造更多的利潤；以志業來講，這樣才能發揮聞聲救苦的力量與時效。無論企業團體或志工團體都需要有健全的組織制度，才會有團隊共識、精神與默契，也才會有行政倫理，這樣才會有群策群力的力量，也才會有群體之美。然而，志工團隊因屬修行團體，除了團隊運作須受體制之規範之外，個人還須受戒規之約束。個人能持守戒規，才會有形象氣質，及受人敬重的人格，如此才能

一百一十三

問：有志工提問：常在活動中有發現到不足之處，或不用心的地方，在開會檢討時，大家都歸咎於因緣，請問這是不是消極的想法？

答：成功及積極的人是找方法，失敗及消極的人是找藉口。人群中的修行我們常發現很多人容易去找藉口合理化結果，其實能成長的人是隨時在分析結果，再去找方法讓結果更臻完美，這樣才是正向思考。佛法是講因緣、重次第，而一乘真實法也告訴我們必須將佛法與生活及工作結合，這樣佛法生活化，才有可能跟人、事、物對機，也才是妙法。有用心及虛心的過程次第，才會有因緣殊勝的成果。檢討不是檢討誰做得不好，而是檢討怎麼做會更好，畢竟大家都是付出無所求的志工，也都是從鼓勵的方向去努力，因此沒有人喜歡被檢討甚或責備。以這樣的心念來推動活動，即使結果不能盡如人意，至少如法如儀的過程我們也無愧於心，這才是學習之處。所以，修行重視的是過程次第的醞釀與鋪陳，過程才是我們的目標，目標只是一個階段性的過程。過程要盡其在我，結果要順其自然。建立這樣的正思惟很重要，有如此用心及虛心的過程才能談隨緣，否則只是找藉口自我安慰，那就是隨便。

一百一十四

問：我是一個很喜歡參與慈濟活動的慈濟人，但不知為何學佛並參加慈濟活動總是沒感覺，這也包括這趟的志工培訓營隊，雖然營隊有著非常深度化的課程，但該如何讓自己有「感覺」呢？

答：多做慈濟已屬難得，但如只是做而不學，或只是做而不覺，這樣無「做中學，做中覺」，自然就難以「覺中悟」。參加活動過後沒感覺，就是沒感性也沒覺性，沒感性代表悲心還不足，沒覺性代表智慧尚未啟發。學佛一段時間後，如果還是感受不清楚、感覺不敏銳，代表學習還有很多成長的空間。既然相「信」慈濟菩薩道法門而歡喜投入活動，還須再多薰法香、多聞正信佛法，並多參加讀書會，期許法髓入心、法中行施，這樣才能體「解」一乘道的真理大綱。信解之後還要持之以恆去身體力「行」，從人群中去實際體會，期許解行相應，然後達到印「證」，這個過程就是「信、解、行、證」，是修學佛法的次第。營隊中即使有再好的內容，就如上人所說：「已聞法，還要勤行道，已行道就不能慢慢來，否則還是無法度。」所以，不能只是喜歡做而已，必須用心精進地做，並將所學佛法隨時拿來與生活中的人與事印證，這樣法入心行，自然而然就會有感覺。

一百一十五

問：推動四合一架構後，因為落實社區志工，如今志工愈來愈多，現在面臨擴編的需求，而須與過去常相處的組長或師兄師姊分開，如何克服這種不捨的心態？

答：人類萬物乃至宇宙都是遵循著「生老病死」、「生住異滅」及「成住壞空」的定律在運轉，即所謂的「三理四相」。有緣生必有緣滅，有相聚必有離別，有合必有分，沒有人可以抗拒這樣的定律，任何人對此都是無可奈何，這種自然法則也不會因我們的願望而改變。關懷照顧戶一段時期要換組時，有人會因感情投入而與照顧戶依依不捨；社區志工分組後，須與原本投緣的組長分開，有人會因感情牽絆而難分難捨，這些都屬情感上的執著，一旦為情所困，反而成為感情的受災戶，這就是「情執」。法親互相關懷是很好，但千萬不要陷入攀緣與攀比，所以過猶不及，要懂得拿捏分寸。上人說：「人是感情的動物，對人有情是很好，但不要迷情，而是要覺有情。」緣生就把握當下，緣滅就看開放下；緣生就歡迎你來，緣滅就目送你去，這樣才是來去自如。心中常存無常觀與因緣觀，這樣面對悲歡離合時才會心無罣礙。常常被感情或迷情束縛與羈絆而難以出離，如此包袱愈來愈重，人生的路也愈走愈沉重，這是跟解脫背道而馳，將來要怎麼往生？

一百一十六

問：志工愈來愈多，會務愈來愈繁重，分會因此開始進行架構擴編。然而，幹部們難免會有壓力，擔心做不來。請問要如何讓大家安下心，把壓力變為動力？

答：志工制度的擴編是因為志工愈來愈多，而所要推動的會務也愈來愈廣，如沒有一套與時俱進及健全適切的制度，則無法人適其職、人盡其才。然而，制度也非一成不變，須視會務規模或國情因緣而因地制宜、通權達變，這樣才是活用方法，也才是妙用佛法。慈濟修行法門是宗門與法脈交叉運用的甚深微妙法，不只是要有體制，還要有法制，也不是只談團隊共識，也強調共修入法，蓋因有共修才會有共識。四合一制度表面上是推動慈濟志業的體制，本質上卻是法脈傳承的法制，也就是「以出世的精神，做入世的工作」，這是慈濟志業「權實一體」的精神。慈濟四大志業八大法印是宗門，而其精神、理念、思想、戒規等等則屬法脈，外行的宗門與內修的法脈須雙軌並行、權實並演，如此才是福慧雙修。這個道理懂了之後，就能理解菩薩大招生就是外行的度眾生，其編制也須與時並進，與時空及時代相契合，才不會怎麼做都是固定的一些人。擴編之後，福田增大、機會增加，自然就能福田一方邀天下善士，這個福田狹義的講是造福的機會，廣義來說，就是讓人人有事做、事事有人做的制度擴編，這樣不但人多力量大，人才也才有機會培育出來。現在天災人禍頻仍，經常是災情慘重加上災區遼闊，只靠現有的慈濟人已不足以發揮更大更快的救災時效。二〇一三年十一月發生在菲律賓的世紀颱風海燕風災，讓當地分會驚覺再不加速培育更多的人才或志工，會對救災工作的成效大打折扣，因此災後的以工代賑適時接引近千位的本土志工，這些新進志工也是須靠幹部給予陪伴與帶動，所以「擴編」是勢之所趨。另外，二〇一四年耶誕節期間，馬來西亞東海岸發生五十年來最嚴重水患，水淹至屋頂，自南至北受影響的災民達二十六萬人，而災區也擴及九個州屬。馬來西亞雖是志工與會員很多的國家，但大災難當前，即使全馬總動員投入災區，也是力猶未逮，雖有救災經驗與理念，但人力資源總是有不足之憾，因此「擴編」也是勢在必行。擴編不是表面上將組織制度擴大，更不是為擴編而擴編，而也是須視因緣、講次第，要能務實達到「多組活動，小組關懷」的寬廣與深入。觸角廣伸的結果不但能聞聲救苦，也能弘揚宗門、傳承法脈，更能廣邀來眾加入大愛的行列。這樣的道理懂了，則壓力變願力，這也是慈濟法門的用法之妙。

一百一十七

問：我覺得自己很笨，什麼也不會，但據點負責人偏要我承擔組長。承擔至今，我覺得自己成長有限，非常慚愧，該怎麼辦？

答：知道自己笨，這是「自知者明」，是明明白白的人，佛法對這樣的人有辦法化解。最怕的是對自己不清不楚而懵懵懂懂、醉生夢死，佛法對這種無知的人是沒有辦法。上人說：「法在勤中求。」意思就是告訴我們：勤能補拙、熟能生巧，一勤天下無難事，所以要懂得建立自己的信心。據點負責人以大局為重，必有其人力資源的全盤考量，才會委予重任，這是學習成長的好機會，要懂得把握，更要心存感恩。有慚愧心也是一種鞭策力，能將慚愧化為精進。曾經有人問上人：「上人日理萬機，分秒不空過，從早忙到晚，請問這種力量從何而來？」上人回道：「從慚愧心而來。」並說：「每天看到草根菩提的老菩薩們投入社區做環保，自己就會起慚愧心，警惕自己必須更加精進。」所以，要成長就要承擔，既然承擔組長，就要更加精進學習、虛心受教，人有無限可能，因為用心就是專業，有信心才有力量。

一百一十八

問：有協力組員很精進付出，也很適合當組長，但當我們要推薦她承擔組長一職時，她卻說壓力好大，想到就一整夜失眠，我們要如何去安撫她？這一類的志工要如何進行教育或關懷呢？

答：已經很付出，也適合當組長，但卻很怕被冠上組長的頭銜，擔心會因此失去自由，這也是執著。其實，因不敢承擔重任而讓自己失去激發潛能與成長心智的機會，這才是真正的失去自由。雖說頭銜也是一種假名相，不必太在意，但佛法不離世間法，有時也須「名符其實」及「實至名歸」。假名相中也有真相，也才能讓我們藉假修真。名與實的結合應該如影隨形，有其實必有其名，然而即使得名也是不執著名相，也能處之泰然、不動聲色，更不會用頭銜指揮人，這樣才是平常心，平常心即是道。修行之道要學習「以平等心看人、以平常心做事」。名相雖是一種世間的方便法，即使有也是假有，但假名相裡也會有真實的道理，我們如能藉假修真，就是種種方便權教悉歸實智。這個道理就如泉水、溪水、渠水、河水都是水，最後都是殊途同歸而百川入大海。然而，有一種狀況是有名而無實，或名實不符，這就須自省也要引以為戒，甚至要引以為恥，就是孟子所說：「聲聞過情，君子恥之。」一意思是說，一個人所獲得的聲譽或讚歎超過了實際，君子當以之為恥。所以，一旦名超過實也是要戒慎警惕。很精進付出就是很會承擔，只是很會承擔還不夠，還要承擔責任，勇於承擔組長一職就是勇於承擔責任，很會承擔工作也很會承擔責任這樣已經很不容易，但還是不夠，還須心存感恩，這樣才是入真實義。精進付出只是事相，心存感恩才是真理，既然感恩就須歡喜接受人家推薦的組長一職，這就是承擔責任與使命，也才是恆順因緣。在此情況下，對推薦者及被推薦者而言雙方都是有成就別人的成人之美。要感恩有承擔組長的學習機會，學習得愈多經驗就愈豐富，經驗愈豐富能力就愈好，能力愈好信心就愈強，信心愈強就愈敢承擔，也越敢接受挑戰與磨練，這就是一個善的循環。中間的心智成長自然就能化壓力為願力，這種法的妙用就是化肉身為法身，力量自是泉湧。

一百一十九

問：請問要做一位讓人「心服口服」的負責人，應具備哪一些技巧，才能啟發更多人的愛心一同做慈濟？

答：要讓人家心服口服，不是用技巧，而是要真「情」與虔「誠」。我們不能取巧，也無法勉強別人臣服於我們，更不能以頭銜或權勢對人強求。權勢與頭銜都是一種名相，有如一條大繩索，這一分自我榮耀的優越感會驅使著我們不斷地向上攀求，將我們的身心綑綁而不得自在。所以，聞法要虔誠恭敬，用法則須權巧方便，這是探求真實法之前的權宜之計，與技巧及取巧的心態是大不同。雖然方便用法，最終還是要「捨方便，取正直」，從小乘的權巧誘引中去入大乘而直入人心，領眾者必須有如此的正知正見，也須具備「才」與「德」，才德兼備，無事不辦。有德無才，雖涵養很好，但才幹不足，這樣無法把事情做好；有才無德，才能很好，但修養不好，這樣人家對他也是不服。然而，如果才德不能兼備的話，則以德為重，此乃修一身之德，則無事不成，這就是以德服人。此外，與人結好緣也是很重要，有緣說話是真理，無緣說話變是非；有緣走遍天下，無緣寸步難行。處處與人結好緣的人，人人見他就會起歡喜心，跟他相處也如沐春風，這樣說起話來自有其說服力，想要做什麼事自然就會有貴人相助，也能遠近內呼外應，這樣整個道場就是合和互協而道氣充盈。一個據點的會務能不能成長，不能說完全與負責人有關，但領眾者的心量、格局、氣度與觀念，則與這個據點的會務能不能成長是息息相關。晏子說國有三不祥：「賢而不知，知而不用，用而不任。」其實，這也是會務推動困難及道場氣氛不溫馨的三不祥，追根究柢也是胸襟與氣度的問題，所以才說，心量與格局成正比。但要注意的是，不是做個好好先生就是好的領眾者，失去原則的圓融，這也會同時讓人失去威德，所以孔子才說：「鄉愿者，德之賊也。」意思是說，沒有原則、勇氣與智慧的好人，也會是敗壞道德風氣的濫好人。統理大眾就要有虛懷若谷的胸襟，要能成就別人、心存正念、公正無私，這樣才會「近者悅，遠者來。」你身邊的人跟你跟得很喜悅，遠方的人也很想來親近你，這是成功的以德服人，以修行角度來講，就是具足「德」與「緣」，這中間，一乘實法有否入心是重要關鍵所在。

一百二十

問：我覺得慈濟據點的帶動，應該找比較強的領導人來帶領，才能將志工整合起來，也才能將清流帶進社會中。請問，這樣的領導人要如何去培養？

答：上人曾開示：「佛陀也沒有用威力或權力去管理道場，而是師父引進門，修行在弟子，弟子須自我精進、自我體會。要進來這個道場也是自己的選擇，既然進來就要受佛戒、守道規、傳法脈。」上人都沒有自認是在領導慈濟人，慈濟人更不能有領導別人的念頭，領眾者更不能有指揮人或管人的心態，而是「樹立典範」。上人強調慈濟團體是「以戒為制度，以愛為管理」，意即「心中有戒，行中有愛」。佛陀曾告誡阿難尊者：「汝當自為洲，汝當自歸依，勿他歸依，當以法為師，以法為依歸。」甚至歸依也是要「自歸依」，而非他歸依，是歸依自己的自性三寶，這樣的理念才是正信佛法。如果心存「我是組長」或常常以自己的頭銜去指揮別人，要別人一切聽他的，上人提醒過，這是凡夫的心態，也是煩惱的境界。同理，要管理別人之前要能先做好自我管理，自己都管不好自己，如何管理別人？自己都帶不好自己，如何帶領別人？自己都不入法，如何傳法？自度都做不到，如何度眾？即使自修、獨覺、自律有成的修行者，也是須以自身所修之「德」，加上與眾生所結之「緣」來應機教化眾生。修行團體的領眾不是「以權勢指揮人」，而是「以德行感化人」。有德的人領眾，必能慈悲等觀、知心相契，人人心服口服。無德的人領眾，則難以聚眾，人人口服心不服而貌合神離。推動慈善工作或志業會務，雖然也是須具備魄力，但魄力還須以親和力及好人緣做後盾，否則易起紛爭。所以，不是要強勢領導，而是要謙沖有禮、無私公正、善解包容、以慧等觀。這樣的領眾者不是靠刻意培養，而是人人以修行的心態自我修持，嚴以律己、寬以待人，一旦言教與身教具足，則人人歡喜親近，此時即具備教化人心的能力。即使外表看來眾人是心悅誠服跟著他，而他還是時時心存帶領自己的心念。上人說：「人人如果心存感恩，也事事感恩，就不會說出重話或強勢做為。」這就是「虛懷若谷」的高尚人格。

一百二十一

問：身為組長，常以身教帶動幹部投入活動，雖然有時會忙到感覺疲累，但內心卻十分歡喜。但是，經過一段日子後，回頭一看，發覺還是自己一個人跑在最前，後面沒幹部接上，那是否意味自己跑得太快？還是帶動方式有問題？或者是彼此為「無緣之人」？

答：上人為佛教為眾生而盡形壽、獻身命，如此分秒不空過，都還說來不及，我們豈敢說自己跑得太快？上人跑這麼快，但後面跟上來追隨的全球慈濟人是越來越多。所以，應該不是你跑得太快，而是後面跟的人跟得太慢。為何會如此？原因是慈濟志業忙到疲累，但身累心不累，且十分歡喜，這是有法入心、法入行的好組長。

然而，組長不能只是帶動活動，而是要藉活動啟發人心。帶動活動是入慈濟宗門，啟發人心是知靜思法脈，前者是悲門，後者是智門，兩者須雙管齊下，才是入一乘真實義。組長須深切體解慈濟修行道上的用法之妙，才不會只是一味地忙活動，而疏忽法的傳承及人才的培養。如組員心中入法不足，則參與慈濟就沒有持續的力量，也無法讓歡喜持久，這樣碰到一點挫折或不如意當然會找藉口動輒不來。人才的發掘要靠組長的用心觀察，法脈的傳承要靠團隊的共修力量。可能自己忙著推動活動而疏忽關懷組員、陪伴組員，此即忙著做事卻疏於做人。四合一制度強調「多組活動，小組關懷」，用意就是要大家活動之際不要疏忽彼此之間的法親關懷。上人說：「自己的法親都做不到感恩、尊重、愛，那你的大愛是要愛誰？」

這是醍醐灌頂的警惕。所以也須反省自己有否做到感恩、尊重、愛？組長與組員之間愛的存款足夠，緣結得夠好，活動的推動自然是一呼百應，不乏志同道合的護法護持。組長自己雖精進，但聲色不好，心直口快，常用一指神功指揮或命令別人，這樣活動未到人家早就決定不想來。組裡的團隊默契與共識不足，不能合和互協、人心各異、貌合神離，表面上是勉強合心，實則人心各異、難以妥協，此現象的癥結就在於組員人人私心很重、心量不大及心無正念，這樣自然不會顧全大局。組長雖不一定是繫鈴人，但卻可以做個解鈴人。解鈴之道不在心外，而是「心中有道，不覺不悟」，這其中有否經常薰法香則是成敗之關鍵。了解組員不能精進的原因，並反觀自省，別的組長可以帶動那麼多人投入，而且還持續擴編、力量廣伸，為何我們這組不能？自己這麼精進卻影響不了組員也跟著精進，原因何在？有否時時對組員們心存感恩？做任何決定是否有尊重組員的意見？「後面沒幹部接上」不能說是無緣之人，進入慈濟不論是新進或資深，大家一律慈悲等觀，都是有緣人。幹部沒來接上，組長就去接上；組長若不成長，則會造成阻礙別人的成長。

一百二十二

問：看到其他組隊都非常積極活躍，反觀自己的組隊老是無法「動起來」，該如何是好？

答：他山之石可以攻錯，觀摩別組成功的帶動方式，再以虛心及謙卑的學習態度去調整自己。組長也好，組員也好，人人自我期許先點燃自己的心燈，先不要管可否照亮別人，至少佛可以看到我們。自己要先自照、自動，才有可能照亮別人、帶動別人。一旦動起來了，還要時時檢討是否方向與理念都正確，否則理念偏差則活動自是不會圓滿。別人要不要活躍動起來那是別人的因緣，自己要不要精進動起來那是自己的決心。你修行是你所得，我用心是我所得，修行是師父引進門，成長在弟子，如登山一樣，須各自努力。自己先精進動起來，每天薰法香讓法入心，心中有正法則行中自然就會有辦法；心中不入法，則做什麼事都會沒辦法，甚至造成所做之事會不如法。自己有入法還不一定可以順利帶動接引別人，自己不入法那是更不可能向人傳法與說法，更甭談要別人動起來。然而，組隊的每一個人大家都要時時互相警惕「法在勤中求」，懂得精勤聞法、求法還不夠，還須積極用法、傳法，一旦精進成為習慣，自然就不會懈怠，力量也於焉產生，這樣整組也就順勢帶動起來。

一百二十三

問：請問應如何帶動資深幹部，因為有些資深幹部比較貢高或是有點惰性？這多少會影響所帶的志工。

答：「資深」可分為「精神理念資深」或「投入時間資深」兩方面。通常被指有些惰性或貢高的幹部，應屬精神理念未能與時間同步成長，而最有效的改善之道就是積極呼籲人人日日薰法香。《無量義經・十功德品》裡所說：「生懈怠者，起精進心；多憍慢者，起持戒心。」這是要以精進對治懈怠，以持戒對治憍慢，天天薰法香就能有效提振精進心，時時法入心就能心中有戒、行中有法。對貢高與懈怠的幹部，應以自我精進及待人謙卑的身教示現以教化之，有緣的話就做他的善知識，無緣的話則耐心等待因緣，並時時自我警惕，以對方不適切的身教作為自己的借鏡與警惕。

一百二十四

問：有一些人把上人的《靜思語》，當作是一種口號對外宣揚，自身卻沒有貫徹力行的精神與內涵，這要如何提升？

答：《靜思語》不是宗教教義的闡揚，它是立身行事的準則。《靜思語》裡面有許多做人處世的道理與智慧，我們拿它來約束自己，不是拿來教訓別人，更不是口號。《靜思語》不該右耳進左耳出，如發聲筒一般，而是要實際行動過後，再經過內心的體會與淬鍊，不但牢記心中，也能實踐在生活裡，而與生活及工作全然結合，如此理論與實踐相互印證，就是「說我所做，做我所說」，也就是「以解導行，學以致用」。一旦身教養成，別人才不會把我們的「口說好話」當作是「口號呱呱叫，行動不對號」。

一百二十五

問：請問要怎麼應付喜歡下命令的人？另外，要如何應對不願意被命令的人？

答：佛法講眾生平等，上人也說慈悲等觀，修行團體是以德服人，沒有誰可以命令誰。「命令」本身就已帶著「上對下」的不平等心態，這會讓命令者口氣堅硬、頤指氣使，也會讓聽命者感受不到溫馨與尊重，既來修行就要「非上非下，非高非低，非大非小」，無分別之妄心，才是平等觀。命令的事情很對，但是命令的口氣或態度很不好，甚至趾高氣昂、不可一世，則別人可能暫時屈就於你的威權而口服心不服，這會種下往後執行工作時缺少合心協力或缺少助緣的隱憂。喜歡命令別人的人，多半是自覺高人一等，所以喜歡駕馭權勢，利用職權來命令他人，甚或以威權來逼迫他人，然而物極必反，很容易種下惡緣及禍根。法演禪師說：「勢不可使盡，勢使盡禍就來」就是此意。不如以親和力去親切宣導，若對方不願配合或不願聽從，我們也唯有自我警惕、反求諸己，不是責怪別人，而是在自己身上下反省的工夫，檢討自己是否德行不夠？緣結得不好？能這樣內觀才是有自省能力的人。在人群中做人間事，其成敗之關鍵就在於是否能「才德兼備」，才德如不能兼備，則取德，因為修一身之德無事不成。一個有修為的人，必能以德服眾並廣結善緣，就如上人只是輕輕呼喚就能一呼百應，這中間是具足了累生累世的「德」與「緣」。人都喜歡被鼓勵、被關懷、被尊重，沒有人喜歡被命令，命令的口氣與聲色絕對不會讓人感到舒服，既然自己也都不會喜歡，那何必「己所不欲，悉施予人」？孔子說：「君子威而不猛。」不怒而令人敬畏，謂之「威」，即威德之意；怒而令人生畏，謂之「猛」，即兇猛之意。所以，一個有仁德也能以德服人的人，是有威德而不兇猛的人，這樣的人不會以命令口氣對待他人，而別人還是臣服於他。心中有命令心態的人很難做到聲色柔和，但只要他做的是一件好事，我們還是要感恩他、尊重他，然而這並不代表我們可以學他。

一百二十六

問：在一個團體裡，難免有意見分歧、見解不同，遇到這樣的問題，如何處理？是不是這種現象是理所當然，而置之不理？在這種狀況下又如何不令自己起退心？

答：同樣是同師、同道、同志，在同一法門一起修行的佛弟子，都會有「四眾同聞，法未同解」的現象，何況是一般人。上人對眾開示也會「一音說法，法隨眾生，各得其解」，這沒有誰對誰錯的問題，所以佛陀教誨弟子們要「依義不依語」，道理在此。對同一件事，由於每個人的角度與看法不同，才會有不同的解讀與想法，甚至根機利鈍也會各有不同的理解，這是很正常的事情。因此菩薩道走入人群做人間事，而想要在會議中尋求多數的共識，就須人人多聞法、多共修，才不會落入事相或我見之中而忘了是要來修行。有了共識默契，就容易達致異中求同、求同存異；有了共修入法，就容易去除我見、放下成見而人人識大體。然而，在團體中雖然能與人和睦相處，也能與眾合群，這還須警惕自己不是盲從附和或人云亦云，還須繼續學習孔子的「和而不同」。和而不同的意思是，雖然尊重團體，也不堅持己見，但卻保有自己獨立思考與判斷的智慧，這是君子。相反的，如果表面上很會附和別人對問題的看法，但內心裡頭卻沒有主見，也沒有合群的觀念，這樣就是「同而不和」，這是小人。在各種社會團體中，「少數服從多數，多數尊重少數」，乃擬定決策的基本團隊精神與潛規則。但是，在修行團體中，必有其一定的精神依歸與修行宗旨，這是道場自有其法門的思想體系所然，所以佛法才說「依法不依人」，意即一切以法為依歸，以法為最高指導原則。如果多數的一方偏離正確知見時，甚或與知見無關，而是根機與慧性層次的問題時，則不能以多數人的同意並自認為是多數共識而作成決定。如果以世間法少數服從多數的方式做決定，則慈濟醫院蓋不成，大愛臺也開播不成，因為多數人沒有上人的睿智與弘願，何況是沒人、沒錢、沒經驗，因此眾人皆曰不可，然上人當仁不讓，雖千萬人吾往矣，成就了大愛無國界的濟世志業，儒家的至聖孔子與亞聖孟子也是如此思想。許多團體裡會有意見分歧是理所當然，但還是須以心平氣和、對事不對人的雅量，以理性、冷靜、客觀的心態去充分溝通討論，一經大家的集思廣益做成結論，此時大家須將此會議視為法會，無論意見有否被採納，大家都要學習「放下知見」，這樣才是真正在學佛，也才是將凡夫事變成天下理而理事圓融。起煩惱心或退轉心，乃因「堅持己見」及「有所求」，造成因堅持而堅硬，因堅硬而硬碰硬，也會因有所求而有求不得之苦。佛法講「解脫知見」，我們當用心體會。

一百二十七

問：請問有抽菸喝酒或其他不良習性的人能否成為慈濟人？如能的話，那這些人在外抽菸喝酒時不是會破壞慈濟的形象嗎？

答：我們每一個人都是想放下身上的煩惱、憂愁、習氣、埋怨等等，以及想改變或改善自己才來修行。要將破銅爛鐵提煉成鋼，就必須在煉鋼爐裡千錘百煉，要將玉石雕琢成器，就必須靠明師千雕萬琢，這就是我們進入慈濟菩薩道來修行的過程與目標。慈濟推動各項志業，最終目標就是要淨化人心，要淨化人心除了廣開善門、慈悲為懷之外，當然還要恆順眾生、觀機逗教，無論大小根器全攝，此乃佛法所說「心、佛、眾生三無差別」。亦即人人皆有佛性，也皆能成佛，氣度恢弘、虛懷若谷的覺者更是心包太虛、量周沙界而不捨眾生。能力不足的人就是我們要鼓勵的人，習氣深重的人就是我們要教化的人，而身心苦難的人更是我們要救度的人。所以，任何有不良習氣或抽菸喝酒者，一旦有心向善，要參加慈濟，慈濟當然是歡喜接納。不過，一旦加入慈濟要來修心養性，就要「心中有愛，行中有戒」，除了守戒規之外，還須逐漸改掉不良的習性。簡言之，「抽菸喝酒的人可以行善做慈濟，但是一旦成為慈濟人，就不能抽菸喝酒。」

一百二十八

問：慈濟人的十戒之一是不參與政治，但我的老闆是政治人物，我加入公司後馬上被要求加入政黨，請問這樣有否跟慈濟十戒衝突？

答：婉轉向老闆解釋，自己有參加修行團體，也有修練的法門，不適合也沒有興趣參與政治，如老闆能體諒，則屬幸甚。若老闆以自己的政治意識形態，強加在員工身上，這不是正當的做法，更不是公司法規，自己須懂得「擇良木而棲，擇良群而居」。如果非這個工作不可，向外也難找到適合自己的工作，甚至失去這個工作可能造成生活困境，此屬「定業難轉」，也是無奈的人生。然而，如能積極行善，也投入人群去廣結善緣，則障礙我們的逆緣就會逐漸減少。我們幫過越多的人，命中就會有越多的貴人，貴人多則助緣也多，終有一天會否極泰來，也會有更多轉業的機會。

一百二十九

問：為什麼慈濟人不鼓勵參與政治？慈濟人既然心念純正，那麼就應該不怕被複雜的環境汙染。

答：「良禽擇木而棲」及「孟母三遷」告訴我們環境對一個人成長過程的影響。近朱者赤，近墨者黑，既要修行，就要選擇適合的環境來修身養性。雖說環境不能改變時，只好改變心境，這是指無從選擇之下的自我轉念，亦即「山不能轉，路轉；路不能轉，人轉；人不能轉，心轉。」五濁惡世的人群中就是汙泥，而修行就要如蓮花般出汙泥而不染，即使身處紛亂與險惡之中，心還是須時時保持不與境界沾染，要這樣就要有行為造作的圭臬與準繩，以便能做到防非止惡，這必須靠受持戒法來助修。為了防止修行人因不慎而落入傷害慧命的境地，佛陀早在兩千五百多年前即已制戒，對修練者的言行舉止做出預先防範與約束。上人認為慈濟人的修行須與時並進，並契合時代脈動，因而制定十戒，其中不參與政治是慈濟人的十戒之一。修行須清楚知道自己的身心歸依處，以及安身立命之處，所以慎選去處也是十分重要。政治有政爭，會明爭暗鬥、爾虞我詐，這與修行者要心寬念純的目標背道而馳，所以慈濟人可以關心政治，但不必參與政治。人在江湖會身不由己，人在淨土才會身心由己。修行人不必為了要強調自己的「一心不亂」，而刻意去不適合的地方，或去環境複雜及不清淨的地方，這不是「怕不怕」的問題，而是「有沒有必要」的智慧取捨。

一百三十

問：慈濟十戒，其中之一是「不賭博，不投機取巧」，我覺得如果透過買賣股票，讓自己的經濟更好，這有不對嗎？

答：買賣股票雖不是賭博，但卻跟投資做生意一樣，也是有風險，不一定是包賺，會不會讓自己的經濟變好也很難說，否則君不見有一些股民，為了股票大跌而血本無歸，甚至負債累累而影響家庭。追根究柢買賣股票也是有貪念的意圖存在，買賣雙方都是想有所得，所以必也會引來求不得之苦惱。但這並不意味慈濟人不能買賣股票，而是要看買賣股票的心態與動機，如果以期待在短期內獲利的心態去買進賣出，這就是投機心理。如是以長期投資的心態買進股票，當作保值，則是屬於投資行為，這雖然還是會有盈虧的風險，但此投資行為未違背慈濟十戒，是可以被接受的。

一百三十一

問：有一位朋友知道我開始培訓也領了藍天白雲制服，我跟她說，我發願要度她進慈濟，她卻不領情，還說我執著這件制服，我應該如何度她？

答：發願要度誰，自己心裡知道就好，不必去通知對方，以免弄巧成拙，何況要度人之前還是要先度自己，即使自度之後要去度別人，也須不費周章、不露痕跡。看似無為，實則無所不為，此即最高境界的「無為而治」，這樣才是巧妙。

領了藍天白雲制服後，就是發願要充實慈濟精神理念，並福慧雙修做人間活菩薩。既然要做人間菩薩，就要在菩薩道中勤修六度波羅蜜，不但做慈濟，還要精進做慈濟；不但精進，還要在持戒中、忍辱中及清淨中精進，這樣才是正精進。藍天白雲制服及其他各種不同功能團隊的制服，都只是世間法的一種權巧運用，為的是團隊的整齊與方便分辨，雖然也是一種相，但假相中也是有真理。現在國際上許多國家政府給予慈濟高度肯定與認同，而慈濟也是知名度頗高的國際人道慈善救援組織，所以慈濟制服已不單純只是一件衣服而已，而是一種榮譽、責任、使命與形象。著慈濟制服時更有其言行舉止的儀軌與規範，穿的時候是要藉之來警惕自己、約束自己，不穿的時候也應依然是戒律不放鬆、形象不放縱，這是一種入世的方便用法，謂之「隱實施權」。然而，這不是要我們去執著這件有形的制服，而是要透過有形的外在，去提升無形的內在，意即透過有形有相的有為法，去探求無形無相的無為法，這樣才是出世的態度，也才是法華精神，謂之「廢權立實」。一旦良好的形象氣質能讓人感覺與之相處如沐春風，並起歡喜心，如此從「心」改變自己就是自度與自救。自度之後再以自己漸修有成的「德」與「緣」去與眾分享、影響別人，這就是教化人心的力量。

一百三十二

問：有一些志工認為，做慈濟就好了，為什麼還要見習及培訓，要如何回答？

答：「培訓」，顧名思義就是「培養正確的觀念」及「訓練堅強的道心」。新進志工參加見習，這是讓我們了解慈濟團體，以及志工角色要如何投入；見習之後繼續進入培訓，這是要加強我們做慈濟的精神與理念；培訓通過後繼而受證慈誠或委員，這是如來家業承擔與使命的開始，這是志工透過做慈濟讓慧命成長的過程。參加慈濟活動去利益眾生，這是「學做好人」，做過之後再來培訓，從中調整做人處事的心態，乃至調整自己的人生觀與生命核心價值，這是「學好好做人」；「學做好人」是造福；「學好好做人」是修慧，兩者相輔相成即為「悲智雙運」。深入苦難見苦之福過後還要透過培訓去深入經藏，如此才是福中修慧。經過培訓，我們才會懂得用智慧做好人、做好事，也才會懂得做有智慧的好人、做有勇氣的好人、做有原則好人。「投入慈濟」是善根啟發了，就好比把一棵幼苗或種子種下去了，但還須再繼續施肥灌溉，才會茁壯成長，這個「施肥灌溉」的動作就是「培訓」的意義所在。簡而言之，已經來學做世間事了，那是「方便權教」，如再繼續學習以出世的精神去投入，那是「真實實智」，這樣就是以出世的精神做入世的工作。

一百三十三

問：從見習或培訓而成為委員需要勸募戶數，讓人感覺慈濟志業好像是直銷傳銷事業，請您解釋，以解困惑。

答：「濟貧」與「教富」是慈濟菩薩道雙軌並行的修行法門，兩者不著兩邊、不偏不倚，就是代表悲智雙運、福慧雙修。濟貧是「深入苦難，聞聲救苦」；教富是「啟發良知，淨化人心」，前者要有慈悲，後者要有智慧，謂之菩薩道「悲智二門」。出錢去幫助別人還比較容易，叫做「濟貧」，但要別人出錢就不容易，這需要透過勸募，募他一分虔誠，募他一分善念，也就是先啟發別人的愛心，然後再引導他將愛心化為行動，這叫做「教富」。教富或勸募的對象不是單指物質豐富的人，而是任何有良知、有愛心，也很知足的人，都能成為有能力幫助別人的人。所以，表面上是在募款，其實是募心為上。募款容易募心難，募款仍屬有形，募心才是無形；募款是有生有滅的有為法，募心是不生不滅的無為法。深入法脈就是在「上求佛道」，勸募會員就是在「下化眾生」；前者是內修調心，後者是外行化緣，內修與外行的權實並進就是大乘佛法的如來真實義。因此，不要以勸募戶數來看待勸募工作的意義，而要以「沿門托缽」及「自度度他」的精神來體解大乘佛法的精深之處，這就是人間菩薩大招生，廣邀有緣人加入大愛的行列。簡言之，這是讓愛傳出去的「以善導善」，也是讓愛世代傳承的「愛心循環」。要求勸募戶數，那是世間的方便法，能不執著在有形的數字，且能自勉「戶無量，福無量」這才是出世的精神。過去幾十年來受證委員的勸募戶數有所要求，這是二〇一三年之前的方便權教。如今時空轉變，用法也是要與時並進，因此自二〇一四年開始，上人教誨慈濟人「昔權今實」，亦即過去用方便，如今入真實，受證委員不再有勸募戶數的要求，而改以「戶無量，福無量」，用意是要慈濟人不要再執著在有形的勸募戶數上面，也不要為了要要受證委員而去湊齊勸募戶數，這樣就失去修行的本懷，而是要「募心戶數無量」，才會「福中修慧無量」。這樣的過程就是將過去的宗門權教，如今悉歸於法脈實智。一言以蔽之，如此慈濟法門的歷史沿革，就是慈濟菩薩道一乘法修道的進程。所以，要以宏觀的角度來看待，這是修行的慈濟志業，也是佛陀的如來家業，不能以營利的直銷傳銷事業來比擬。

一百三十四

問：為什麼我們做多多，得少少？而有些人做少少，卻得多多？我現在是培訓，研習課程也上了無數次，我還有多少個三五年？委員慈誠難道是那麼難高攀嗎？

答：不管是做多得少，或做少得多，表面看來似乎不甚合理或不甚公平，但這只是我們以凡夫心自己在妄心分別，如不妄心分別，則不多不少、不增不減。沒有因生因滅，只有緣生緣滅，因種下去就不會消失，但還須緣熟的成就才會看到果報。「真空妙有」是，看似真空，實則妙有；看似妙有，實則真空。真空非空、妙有非有；空而不空，有而非有，這也是曾子所說「有若無，實若虛」的道理，亦即「有而自覺如無，實而自覺如虛。」既然學佛就須深信因果，相信「種瓜得瓜，種豆得豆」、「多做多得，少做多失」，及「能捨能得，不捨不得」，能如此就能了解《心經》所云：「諸法空相，不生不滅，不垢不淨，不增不減。」以及「色即是空，空即是色」的意境。該做的就把握因緣做，不該做的就不要貿然去做，做過之後，就前腳走、後腳放，不論是否有所得，得多或得少，要一切無所求，也不著名相與事相，如此心無罣礙，才會遠離顛倒夢想。如真是要有所求，就追求智慧增長。推薦委員慈誠是慈濟菩薩道修行的一個里程碑，是過程不是目的，就有如「水到渠成」一樣，是循序漸進之下條件與因緣成熟所產生的結果，須以平常心視之。時間到了不推薦，或時間不到而勉強推薦，都不是一件恆順與圓滿之事。受證委員慈誠也不是要我們著相，而是要藉此自我警惕，培訓時是加強我們的精神與理念，受證後那是承擔責任與肩負使命的開始，是要無怨無悔為扛起如來家業而全力奉獻。有沒有受證，那是跟自己的付出投入及精神理念，以及因緣條件是否具足有關，與「高攀」完全無關。

一百三十五

問：應該讓培訓志工先受證再讓她成長，還是等她條件具足了才給予受證？

答：不能說可以或不可以，要看情形，因為每一個人的修行因緣各不相同，而有些人與上人更有一分特殊因緣。全球志工這麼多，必須有一套藉萬年立法而令其長治久安之道。須思考先受證再讓她成長，萬一她不成長怎麼辦？精神理念不夠而勉強受證，不能給人正確的言教與身教，這要怎麼辦？人生是學無止境，即使受證了也不代表自己是人品典範，可能優點有增加，但缺點依然存在，這是要時時自我警惕，也須時時自我驗收的修行功課。所提的兩種情況在慈濟培訓志工裡都有已通過受證的案例，這樣說來，到底要如何取捨？佛法對利鈍根機是應機教化、普度眾生，每個人的因緣不盡相同，所以不能說應該要如何，或不應該如何，也不能主觀預設立場或心存定見，蓋因法本無法，最重要的是要能對機才是妙法。要承擔責任與使命是需要有相當時日的醞釀與鋪陳，此乃菩薩道道業成長的學習過程，目的是要透過投入宗門使其能對自己所修之法門也能「明其體，知其法」。能明其體也知其法，才會透徹了解自己所投入及所付出是所做為何，也才會懂得在菩薩道上發心立願以堅定其志，這樣受證過後才會繼續在承擔中找到成長的力量與方向，如此就是「法入心，法入行」。相反的，不明其體也不知其法，則勉強受證之後很可能碰到一點挫折就動輒不來，或因懈怠而停滯，甚至只是忙著做事卻不懂得做人，或只是做好人卻不知做有智慧的好人，這樣就是「只入宗門，不知法脈」。然而，即使條件具足而獲受證，還並不代表就永遠是道心堅固、精進不懈，或永不退轉，也因此古德才說：「學如逆水行舟，不進則退；心如平原走馬，易放無受證儀式，然而在當時是適用之法，所以如何用法這與時空背景之因緣也是有關。培訓一年的規定是世間的方便法，受證之後仍自覺時時刻刻都在培訓，甚或生生世世都在培訓中，有這樣的心態才是出世的態度，也才是真正的以法為師、隨法而行。受證是世間法的方便施設，任何志工只要能以佛心為己心、以師志為己志，一心一志、一門深入，則無論受證與否或皈依與否都算是上人的弟子；而受證之後，仍心存時時在接受培訓的虛心態度，這才是真正的受證。

一百三十七

問：正在培訓且即將受證的志工，過去就有自己學佛的法門，而她也一直認為往生後要去西方極樂淨土，這與慈濟的法門不同，請問要如何引導？

答：雖然過去已有自己的學佛法門，但那還是在方便法的階段，是一種基礎。然而《法華經》有云：「無二亦無三，唯有一乘。」既然投入菩薩道，就須「回小向大」、「捨小取大」，不要再執著於過去的二乘或三乘，而須「會三歸一，開三顯一」。上人曾開示：「佛陀所說的方便法如念佛可以往生西方，坐禪可以修得羅漢四果，行持般若可以入涅盤等等，其實東方琉璃淨土、西方極樂淨土、羅漢、涅盤在哪裡？都是佛陀的心靈世界罷了，東方、西方也都只是代名詞而已。若把這種精神、理想變成事相來追求，一旦求不得時就走入迷途了。因此才說「涅槃只是化城，一乘才是究竟」。路地不生蓮花，菜園也長不出蓮花，蓮花要開就必須融入汙泥，而濁世的人群就是汙泥。淨土不是在西方極樂世界，是在自心，心淨則佛土淨，當下就是淨土，此謂之「唯心淨土」。淨土不必等往生後才去，心清淨則當下是淨土，心不淨則當下是穢土。同理，若能明心，則外道經典都是正法；若不明心，則學佛多年還是外道。心念若正，正念一起就是功德；心若不正，誦經萬遍也無功德。心中有佛，則開門關門都見佛；心中有鬼，則開門關門都見鬼。同理，心寬念純則不生事端；心不寬念不純答：任何志工有心要來做慈濟我們都是心存感恩，然而，要不要接受見習培訓，甚或條件具足卻無意受證，我們也只能「說之以理」或「曉以大義」，之後就「順其自然」，畢竟各有因緣，勉強不得。需要釐清「不再承擔太多」與「不再承擔」的定義。「不再承擔太多」是承擔不多，但還有在承擔，而她所說的不多是否比有些人還多，或在別人看來就是承擔不多，但她自認已盡力，所以自覺承擔很多。也可能是過去真的承擔太多，受證後希望兼顧自己的私人時間而希望有所取捨，這些都需要再深入了解。「不再承擔」則是完全拒絕，即便是如此，也不能貿然將之與「退轉」或「停懈」畫上等號，否則會斷人慧根。可能是修行因緣、身體因素、家庭因素或工作因素等等有了轉變，致使自己有繼續投入的阻礙，這些我們都須以關懷的心態給予了解與體諒，並從中協助她去除障礙與煩惱。如不是以上狀況，而是擔心受證之後需承擔更多的工作與責任，或擔心時間被綁住而沒有自由，甚或害怕會面對更大的考驗與挑戰而自己應付不來，如此則是對大乘佛法不明其體、不知其法。雖已在「行」，但「信」根與「願」力不足，可說是宗門有餘法脈不足，這是培訓過程中法並未入心，這樣碰到困難挫折就很難轉心念。

上人說：「信根不深，道心難堅；諸法不明，障道礙法。」就是此意。把這樣的道理跟她分享，如觀念清楚了也發願希望成為委員，則成就她、推薦她受證；如已達到受證標準，但客觀條件會讓她受證後暫時無法全力以赴，這樣也是須成就她讓她受證。因為，這樣的人還算是誠正信實，依她的條件，她如果不先跟我們講出她的隱憂，我們也是會讓她受證。現在達到標準就要讓人家受證，至於受證之後會不會有受證之名無承擔之實，那是「未來心不可得」。世事變幻莫測，時間未到我們不要提前煩惱，而是要多給她祝福。

一百三十九

問：有些志工雖參與培訓，但卻只是為了受證委員，或為了達標才參與活動，喪失了那份單純求法的心，請問要如何引導？

答：以慈濟修行的理念來講，受證只是菩薩道學習的告一段落，是緊接著另一階段的承擔及責任使命的開始，所以受證是慈濟修行法門的一種方便施設，我們要體認它的實質意義而非著此名相。見習到培訓，再由培訓到受證，這是慈濟菩薩道心智成長的過程，就如小學畢業後升上初中，初中畢業進入高中，再進入大學，道理是一樣。但是，即使大學畢業了還是有繼續攻讀碩士、博士的成長機會，甚至博士班畢業了要進入社會大學與人群互動，這又是另一門學校裡沒有學分可修的生命教育。所以，人生是學無止境，社會大學是如此，修行道場也是一樣。見習、培訓、受證等等都是一種教化眾生的世間法，都是階段性的權巧施設，就如我們要渡船到彼岸，渡河的舢舨只是方便工具，彼岸才是真實目標。

我們如果把舢舨當作目標，這就本末倒置了，也就永遠無法到達目標了。把受證委員當作修行的目標不是不對，充其量只能說是階段性目標，所以它還只是個過程而已。然而，一旦受證就誤以為自己已經達到終極目標而不再前進，這樣的理念是不正確的。「受證只是化城，一乘才是究竟」，受證不是終極目標，他只是火車抵達終點之前的一個「過站」而已，誤把它當目的地而下車，行程肯定會亂成一團。還沒受證的見習志工不一定就是資淺，慈濟做很久了也不代表就是資深，只要稍一懈怠就會由資深變資淺，精進不懈則即使是新進志工都是資深。同理，習氣、脾氣、心念不能改，則修行時間再怎麼久都算是資淺，甚至稍一不慎而心念偏差，則即使受證多年都有可能還是道心脆弱、不堪一擊，甚至信根不深而動輒停退。修行不只是講今生今世而已，而是累生累世的因緣和合。因此，受證雖是人生慧命成長的一大事因緣，但以佛法「虛空有盡，我願無窮」的願景來講，實在是如微塵般的渺小。「術業有專攻，聞道有先後，如是而已。」

不過，家家有本難念的經，不是每一個家庭都十分圓滿和諧的，所以也不能因為家庭有如此的問題未解決而不敢接受受證，而是要在受證成為上人的在家弟子之後，拳拳服膺上人的教誨，時時自我警惕，要謙卑縮小、收斂習氣，學習與人無爭、與事無爭，做到之後，回過頭來再將自己的改變妙用在自己的家庭生活中去影響家人，這樣就是大乘佛法的自利利他。須知即使自己很會爭、很會辯，贏了戰爭也會失去和平，須將《靜思語》「忍一口氣，海闊天空；爭一口氣，禍事臨頭。」以及「忍到盡頭自然超越與突破」用在即將發生口角的當下。如自認自己是受傷或受害的一方，則更須有因緣果報觀，蓋因「其中必有緣故」，須隨緣消舊業。如自認是對的一方，則對的人要先向錯的人道歉，這樣才能止息紛爭、遠離糾纏。心念上這樣轉化，就是在轉自心法輪。所以，是否適合推薦受證，須視情況審慎客觀地評估。

一百四十一

問：請問躁鬱症的患者投入當志工，正在培訓也有意願受證，其對外的情緒狀況目前還算控制良好，但家人卻認為這位志工有情緒問題，這樣是否還要鼓勵她受證？

答：既然是躁鬱症患者，就隨時會有躁鬱症的症狀產生，這些症狀包括：易動怒、易焦慮、悲觀冷漠、自大妄想、情緒高昂、行為莽撞、無法專心、無法判斷、喪失精力，甚至有自殺的念頭等等，這些都會造成人際關係、學習能力及社會功能的重大影響。雖說對外情緒還算控制良好，但畢竟症狀還是會不預期的出現，一旦有極端行為出現時，可能會造成患者個人及慈濟團體甚或所互動對象的傷害，此點仍必須事先細心評估與防範。可以鼓勵她來參加各項活動，藉投入人群慢慢轉移其不正之心念，也可鼓勵她多投入環保工作以防自閉在家想太多做太少而加劇病情，這樣的情況下則暫時不鼓勵她受證委員為佳。因為，以委員須接受許多承擔、挑戰、磨練、考驗來說，擔心她身心無法負荷而產生壓力影響病情，如此則弄巧成拙，對病情有害無利。然而，如果陪伴她也關懷她一段時間過後，做得歡喜，也有很好的輔導成效而致病情好轉，乃至病症痊癒，在這樣各種條件都具足的情況下則可以推薦受證委員。在慈濟團體裡，如此輔導成功的案例很多，甚至以個案去輔導個案也做得相當成功，這就是慈濟法門隨緣應教的用法之妙。

一百四十二

問：慈委帶著組內的培訓志工跑心靈禪修道場，資深幹部多次與她溝通無效，還自認該道場與慈濟一樣都是在幫助人的，請問該何處理？

答：嚴格講，如只是要行善做好事也非一定要受證，甚至也不一定要參加慈濟。來慈濟不只是學如何去幫助人或學如何做一個好人而已，而是投入一個一乘實法的修行道場，這是慈濟宗門與靜思法脈權實一體的概念，裡面充滿了慈悲與智慧。學佛如果不能一心一志、一門深入，就是對法門的信根不足，而如有一念疑悔，那更是不得成就，這也是學佛不能進步的原因之一。對自己修行法門尚處尋覓的階段而參訪各道場，基本上不能說這樣不對，因為還在選擇當中。然而，受證委員之前已經過見習與培訓的階段，表示自己是朝著受證慈濟委員之路邁進，這是自己對這條修行之路的認同與承諾。如不認同也可選擇不受證，也沒有人會勉強你受證，但是既然接受受證，就代表自己對「佛心師志，一心一志」會信受奉行的承諾。可是受證之後卻到處跑道場，這是違背當初受證時的自我承諾，這也是很矛盾的事情。自己不能道心堅固，也不能信根堅定，如此身教已不足，卻還要誤導尚未受證的志工，這不但是自己學佛之路不能進步，也連帶障礙別人的學佛之路。此猶如在SONY的店上班，卻私自賣著PANASONIC的產品，是光怪陸離的事情。把這個道理說給這些慈委及組內的培訓志工聽，聽得懂則幸甚，聽不懂或聽得懂做不到，則耐心等待因緣。

一百四十三

問：已受證慈誠委員還未完全齋戒茹素，可以嗎？

答：上人針對受證標準曾慈示：「抽菸、喝酒、賭博等嗜好必須戒除，才能被推薦受證委員及慈誠。然而，如即將受證之志工有人因家庭或健康因素而無法長期齋戒茹素，則須視個案情況彈性處理。」現今地球人口嚴重超載，大地資源被人類耗盡，造成大地反撲而天災人禍不斷。科學家已證實，拯救地球最有效與最直接的方法就是少吃肉、多素食。因此，上人積極呼籲慈濟人以身作則，帶動人人齋戒茹素，由大地的環保中，帶動身體的環保，進而提升至心靈的環保，此為慈濟法門由方便中探求真實的精深絕妙之處。慈濟志工自見習與培訓階段開始就須勉勵自己盡量齋戒茹素，並向會眾宣導齋戒救地球的理念，這是上人對慈濟人的期許，但非受證的制戒條件。若有家庭因素或健康因素而無法完全齋戒者，可以依個案給予體諒並獲得受證。但我們不能延伸解讀為「未齋戒茹素者也可受證」。

淨心篇

一百四十四

問：自己的心如果還未淨化，能去淨化人心嗎？

答：不能說是不能，否則目前正在做淨化人心工作的有心人，誰敢說自己已是完全淨化？因為大家都還在學習，而且活到老、學到老、還學不了。理論上來講，自己的心如果還未淨化，卻想去淨化別人的心，此猶如抹布本身已經不乾淨，要如何將髒桌子抹乾淨？這是一樣的道理，不是不能，只是淨化跟教化的力量會不足，說服力會不夠。有些人雖然做了很多善事，但卻一邊行善一邊計較，有一個好勝或計較的心，要人家讚歎他、尊崇他、賞識他，這樣的心態即使做了很多的布施，還是落入阿修羅的果報。福報是有，但還是轉不了自己的念力與業力，這就是「修福不修慧」。有些人雖然懂得千經萬論，也有世智辯聰，但沒有入人群去廣行布施、廣結善緣，所以福緣不夠。福緣不具足的人，說出來的話人家聽不進去，雖滿腹經綸，但卻無福德教化眾生，這就是「修慧不修福」。所以，淨化人心是由內向外、推己及人，要先做到自覺，才有可能覺他，謂之「回自向他」，也就是從小乘進入大乘之意。然而，法本無法、法無定法，三人行必有我師，我們可以將自己已經淨化的部分，與人分享，進而影響別人；將自己還未淨化的部分，與眾共修互相警惕與提醒，力求改善。如此，人人取人之長、補己之短，擇其善者而從之，擇其不善而改之，這樣也是互相教育，互相淨化，互為貴人，這也是菩薩道人間法的宏觀思惟。

一百四十五

問：因過於投入慈濟工作，有時會感覺平日只是一直忙著做慈濟而沒有機會去沉澱，長久下來開始覺得心有點累，這是為何？

答：水的清澈，並非水中沒有雜質，而是懂得沉澱；心的清淨，並非心中沒有雜念，而是懂得清楚取捨。所以，每一個人每一天都要有時間透過靜思、獨處、沉澱來打掃自己的心靈殿堂，這樣才不會在忙碌中迷失方向。人如果忙到沒有時間沉澱，則很可能因缺少自省而身動心也動、境亂心也亂，這樣的忙碌反而是生活的危機。累要看是身累還是心累？身累容易解決，心累就難處理。忙也要看是身忙還是心忙？如身忙心也忙，則可能忙中有錯，造成空忙一場；如身忙心不忙，則事繁心閒、忙而不亂。人不怕忙，只怕煩，一旦心煩、心累，即使不做事躺著休息也是很累，所以，心是關鍵因素。心境是主人，環境是僕人。心境不被環境左右，則主人掌控僕人；心境被環境牽絆，則僕人掌控主人。同理，心靈是主人，身體是僕人。如果這個僕人是年輕朝氣又精力充沛，但它卻有一個優柔寡斷又不知所措的主人，這樣勢必無法完成令人滿意的工作。主人必須有能力與智慧去指揮僕人，即使僕人軟弱又無精打采，只要主人是有魄力又有睿智，整個家庭還是會井然有序。一旦了解這種主僕關係，則要取捨「以心轉境」，或要「心隨境轉」，就會了了分明。在團體裡做得很歡喜也沒煩惱，即使會累，休息一下或睡過一晚，隔天依然力量無窮。相反的，如果做得不歡喜或起煩惱，即使勉強做也會力不從心，不做事也是很累。參與任何慈濟動態活動都是屬於慈濟宗門的領域，但不能只入宗門而不知法脈，蓋因知法脈才能理解如何用正確的理念與智慧去行菩薩道。「忙著做慈濟」代表身體很精進，但「感覺心很累」則意味心念已走入偏門。所以，入人群做慈濟還不夠，還須入經藏長智慧，這樣才是「行宗門方便法，入法脈真實法」，兩者雙軌並行謂之「以出世的精神，做入世的工作」，也才是福慧雙修的一乘真實法。

一百四十六

問：心裡想做的事很多，但一天只有二十四小時，很想活出精彩的人生，但又想過平淡的生活，我該怎麼辦？

答：精彩的人生與平淡的生活並不互相牴觸，兩者可以兼得，重點在於如何定義精彩與平淡。精彩不意味是紙醉金迷、夜夜笙歌、吃喝玩樂、遊山玩水，或名聞利養、有權有勢、呼風喚雨。在慈濟世界裡有許多慈濟人過著簡樸平淡的日子，但他們進慈濟之前與之後的心靈蛻變，就是精彩的人生。每個人對精彩的內容及本質其認知與定義不盡相同，這牽涉了每個人的人生價值觀。心裡想要做或喜歡做的事還要看是做什麼事，「只要我喜歡，沒什麼不可以！」這就是任性，「只要還可以，沒什麼不喜歡！」這就是知足。雖說一天有二十四小時，但扣除睡覺、吃飯、工作以外，其實真正可以利用的時間也沒多少，如再將這剩下的一點時間浪費掉，日子要過得不無奈已經不簡單了，更甭談要活得精彩。上人說：「時間最好的解釋就是『來不及』。」所以把握時間不容易，蹉跎時間卻很容易，蹉跎人生的一小站，有時會影響人生的全程。上人鼓勵慈濟人每天早起薰法香，其實就是在妙用時間，把一天當作一天半來使用。晚上如果晚兩個鐘頭睡覺，時間也是用在看電視、聊天、應酬、看八卦新聞上面，嚴格說來這個時間不是屬於自己的。但早上早兩個鐘頭起床，一日之計在於晨，靜心思慮、沉澱自己，對自己的身心靈皆有益處，這個時間就完全是屬於自己的。要活出精采亮麗的人生需要將時間充實及有意義地使用，如此才能讓時間成就道業，這才是忙得有目標、有方向、有重點，此即精彩人生，也就是《靜思語》所說「閒人無樂趣，忙人無是非」的意境。想過平平淡淡、從從容容的生活，就不能讓日子過得懵懵懂懂、庸庸碌碌。人可以忙忙碌碌過日子，但不要庸庸碌碌過一生。一邊很在意外在的名利慾望或物質享受，一邊卻又想提升內在富足的精神生活，這是緣木求魚不可能的事情，然而這種不可能的事情人們卻不斷地在嘗試，這就是眾生無明。大部分的人都是想多做一點，多賺一點，看看日子會不會好過一點，然而真正精彩的人生是要少做一點、少賺一點、名利物慾放低一點、起心動念單純一點、比較計較減少一點、攀比攀緣放下一點、分別對立降低一點、我執我見去除一點、脾氣習氣改好一點，做得到就是——過著平淡的生活，活出精彩的人生。

一百四十七

問：若遇上煩惱或痛苦時，該如何平衡自己呢？如何調適自己的心念？

答：有一次，佛陀問弟子們：「還沒有聽過佛法的人，會遭遇到快樂或痛苦的感受；聽過佛法的人，也同樣會遇到這些感受。這樣說來，聽過佛法和還沒有聽過的人他們的差別在哪裡？」佛陀告訴弟子們說：「未曾受佛法教化的人，遇到煩惱跟痛苦的感受，就好像中了第一支箭。中箭以後，他心裡就執著這一支箭，愈來愈迷惑，愈來愈恐怖，就好像中了一支箭之後，又中了第二支箭，這會感覺愈來愈痛苦。但是受過佛法教化的人，如果遇到煩惱或痛苦的事情，他會平靜地觀察憂悲苦腦的緣起，並且用智慧去消除它。他中了第一支箭之後，不會再中第二支箭，甚至可以拔掉第一支箭。」這是佛陀教導我們，如何不受第二支箭的痛苦，中間充滿了智慧。煩惱示現之前會有初期的徵兆，好比是：是非、困難、挫折、逆境、障礙、抱怨、困擾、憂慮、忌妒等等。如果無法一一事先克服，情況惡化則轉變成「煩惱」，此猶如感冒本來喝大杯水就可治癒，但拖到併發症氣管炎，這個就困難多了，這是我們自己讓惡勢力在心中招兵買馬而逐漸坐大勢力之故。菩提樹是空的，明鏡臺也是空的，身與心皆是空的，本來無一物的空，又怎麼可能惹塵埃呢？若是心空無見，則任何事物從心而過，必不留痕跡，就如船過水無痕一般。很多時候我們感覺不快樂，並不是煩惱找上我們，而是我們自尋煩惱。心念的種子是正，則處處開蓮花；心念的種子是邪，則煩惱如影隨形。修練正信佛法就是學習將煩惱正向轉化，至少加快化解的速度，甚至「不置心中、心上無痕」，這樣就是「對境無心」。告訴自己：人生沒有什麼事重要到須長置心中。

一百四十八

問：當您遇到煩惱，是否有向人求救？或以自己的智慧加上上人的法來解決？

上人常叮嚀我們要照顧好自己的心，因上人絕對無法對每個人去送愛。

答：心迷則陷入困境，心悟則以心轉境；心迷則問題艱深，心悟則答案簡單。同理，心迷就會苦，心悟就自在；心迷萬境轉，心悟轉萬境。因此，自己的心境是決定要身處順境、逆境或淨土、穢土的關鍵所在。《維摩詰經》所云：「若菩薩欲得淨土，當淨其心，隨其心淨則佛土淨。」就是此意。做慈濟既然是修行的法門，就要學習自轉心輪，心輪轉，法輪才會轉，法輪轉，智慧才會生，有了智慧就能動中修靜、亂中生定。因此，定境愈深，遠離紛亂的能力就越強，而定境須靠多聞佛法、多看佛書、多做慈濟來培養正信與正念的正思惟。碰到困擾或煩惱甚或碰到困難、挫折時，當下的起心動念很重要，必須確保起心動念不離正法，如此才能以正破邪、化濁為清、轉逆為順。正思惟就是正念的思考習慣，這個習慣平時就須養成，日積月累之後即成自然，也就是一遇到逆境時，當下也會很習慣、很自然地提起這樣的正念：念起不隨，生而無住；事來即應，應過即放。如此，任何逆境現前都能以智慧及感恩心將它轉化，甚至妙用，並隨起隨滅、不置心中，這就是最美的心地功夫。上人說她自己也是會鑽牛角尖，但與我們不同的是，我們一鑽進去就跑不出來，上人是一鑽進去馬上就出來，這就是「非進非出」的生而無住，也就是「不生不滅、不垢不淨、不增不減、不順不逆、不來不去、不妄不真、不出不沒……」的不二法門。不二法門不只是超越對立，而且是進入不介意兩者相對立的自由境地。因此，它是不落兩邊的中庸之道，這也是權智與實智具足的自然智，此即佛智。末學當然有時也會有煩惱，但是化解煩惱的速度逐漸加快，因為不希求回報，也不爭功諉過，學習隨緣自在、隨境而安，甚至被冤枉就淡忘，被誤解就善解，所以煩惱也就逐漸減少。煩惱須靠佛法來對治，無明須靠法水來洗滌。煩惱對治得好，則煩惱變菩提；無明對治得好，則無明變光明。上人雖無法對每一個人去送愛，但透過宗門與法脈的權實並演，巧妙地告訴了我們方法，上人的覺性法海三根普攝，就是啟發我們慧命的人間導師。上人曾說：「大家跟著我做慈濟，我無以回報，只能帶領大家入法，以法回饋，這是我最大的心願。」所以，學佛過程中，教師很重要，教法更重要。

一百四十九

問：生活中，常常因為「說者無心」，但「聽者有意」，造成很多困擾，要如何面對？

答：「聽者有意」就是自己對號入座，這會造成庸人自擾、作繭自縛。所以，什麼話要聽、什麼話不要聽，或什麼話聽後要記住、什麼話聽後要忘掉，這些都是要清楚取捨，這樣心地才會保持清淨。「說者無心，聽者有意」可能是聽的人太過敏感，才會時時讓自己對號入座而困擾自己，也有可能是說的人自己不覺得說者有心，但微塵般的傲慢與偏見卻在言詞間不經意的流露，讓敏銳的聽者知其有意。會說話的人是想著說，不會說話的人是搶著說。孔子說：「侍於君子有三愆。言未及之而言，謂之『躁』。言及之而不言，謂之『隱』。不見顏色而言，謂之『瞽』。」意思是說，陪君子說話有三種失誤：不該你講話時你卻急著講，叫做急躁；該你講話時你卻不講，叫做隱藏；不看人臉色講話，叫做瞎子。古德也有名言：「話出如箭，不得亂發，一入人耳，有力難拔。」也說：「誰人背後沒人說？哪個人前不說人？」所以口業難修，連散心雜話及閒聊都是口業的一種。

如我們是說者，就要警惕自己，先「靜」後「思」再「語」，說話也要多用心，話到嘴邊留三分，雖說「直心是道場」，但不能心直口快或直言直語，要直話圓說，這是說話的智慧。人人會說話，但不一定會說雅言正語，所以雅言正語也是須透過學習，學習心存正念才有可能口說正語。如我們是聽者，就要提醒自己：「別人無心講，不要有心聽；別人有心講，更要無心聽。智者輕輕講，我們重重聽；愚者重重講，我們就重聽。」同時還要警惕自己：「人言可畏，但如能善用之，則人言可貴。別人要危言聳聽，我們就妄言妄聽。」此外，也要內觀自省，常常看到別人的缺點而心生不悅，或聽到知見不正的負面言論而無所適從，甚或常常聽到人我是非而自亂己心，這些都是屬於自己的業障。

一百五十

問：「一切唯心造」、「心不難事就不難」談到的都是心，但人的思考不是透過大腦嗎？心怎麼會思考呢？

答：雖然人的思考是透過大腦，但能讓大腦思考的動力還是要經過起心或動念的作用，而起心動念也有其緣起，謂之「性」。凡夫稱之為心，聖者稱之為性。「性」是生起心的根本，是生起心的能量，是心的本源。沒有性，則對境就生不起心來。所以，心是因為性生起來才派上用場的。而一旦心念生起，大腦才開始進行思考。所以，大腦是功能，心念是本質；腦是「用」，心是「體」，這就是腦與心的互動關係。如果要形容心與性的關係，則「心」是用，「性」是體。就好比燈會亮，不是只靠燈泡，而是還需要有電，燈泡只是燈具，是一種功能，電流是理體，也是本質。所以沒有電，則只有燈泡或燈具也是不能起作用。大腦會起思考的作用，那是透過心性的啟動，此有如人往生了，大腦雖在但不再能思考，那是「心性」不再起作用。也有如人往生了，眼睛雖還在，但卻不能看，此乃「性」已不再起作用了。所以，如能見人就見性、見事就見性、見物就見性，如大圓鏡一樣，無所不照、無所不見；照而不照，見而不見，這樣就是「入實智，見實相」，也就是「明心見性」。

一百五十一

問：「放下」真的可以做得到嗎？「執著」又要如何放下？講歸講，真的好難，我總覺得太理論化，根本很難做到。

答：放下就是一種捨離，能捨離執著就是離執，能捨離名相就是離相，能心不著境就是離境。心能時時離執、離相、離境，這樣就是「禪」；心能安忍不動、隨境不亂，這樣就是「定」。對名利慾望的無所住就是捨離，生起一念無所住之心也是一種捨離，對人我是非的觸事無心也是捨離，對感情能不執著也能捨離就是放下，對順逆境界都能逆來順受、順來看破，這樣的平常心也是一種放下的功夫。同理，生前大小事情皆能看得開、不執著，並成為自己的正念思考習慣，這樣往生之際才有可能萬緣放下。如果人人都可以這麼輕易就「看開」、「放下」，那就不會還有那麼多人有無窮盡的煩惱了，這也是很多人想藉學佛達到解脫煩惱的修練目標。佛經也說：「眾生皆有如來智慧與德相，然因妄想與執著而不可證得。」所以上人說：「修行不是行難修，而是習氣難改，這個習氣就是我執、我見、我相、我痴、我慢等等。」「看開放下」與「去我執，滅我相」確實很難，就因為很難，才要一步一步循序漸進地來修練，工夫久了自然見效。我們可以先從小事做起，小事放不下，那大事更不可能，小執著去不了，那大執著是更困難了。同理，小習氣改不了，那大習氣就甭談了。

一百五十二

問：我是個快樂的人，但心中有一根刺，我不能原諒一個背叛我的人。一個對感情不認真的人，我們要如何應對？

答：人一旦為情所困，就是落入情網，這就是「情執」與「愛執」。人在覺悟的時候，情愛變成長情大愛，那是「智慧」；迷惑的時候，情愛變成私情小愛，那是「煩惱」。人生只是快樂還不夠，還須學佛，佛法蘊藏許多人生智慧，有了智慧才能在逆境中以四兩撥千金。學佛有如學鋼琴，須時時調音，樂曲才不會走調，這樣才能彈奏出好音樂。談感情有如彈鋼琴，不論彈得快或慢，重或輕，只要能收放自如，也能如行雲流水，那就是「覺有情」。心中有一根刺，卻還能活得很快樂，這也實在不簡單。不過，既說不能原諒背叛的人，不能原諒意即不能寬恕，不能寬恕意即不能包容，這樣的心念應屬「心存芥蒂，無法釋懷」，也就是說難以放下。既未放下，而又說自己是快樂的人，這是快樂中仍夾雜著苦惱，這樣生活要輕安也是困難。快樂是感官上的感受，是短暫的；法樂是心靈上的攝受，是恆久的。對方對感情不認真，這表示「無緣」，既然緣盡情也了，我們何必太認真？「不認真」如果是指不計較或不認性，則屬好事，但如果是一種個性上的喜新厭舊或用情不專，則屬「情執」。面對好的、順的，就要用心把握因緣；面對不好的、不順的，就要藉境修心，更要懂得「隨順因緣」。別人對感情不認真，那是不真情，我們則須藉境修心警惕自己，不要也跟著痴情與迷情，而是要轉迷成悟，化迷情為覺有情，這樣才是經一事長一智，也才是心智成長的超越與突破。

一百五十三

問：我在小時候曾經歷一些傷害，造成長大後心中充滿怨念與仇恨。雖然聽過很多佛理，也嘗試念經，而每次聽經或念經過後，心裡也能獲得平靜。但是一旦受到事情的刺激，我什麼都忘得一乾二淨，那種令人討厭的仇恨感又來了。我無法喜悅，我想控制自己讓自己平靜下來，我該怎麼做？

答：喜悅與寧靜並非上天所賜予我們的恩典，那是要透過不斷的修練才能獲得。佛說：「瞋滅一切善，瞋為善之毒，瞋為毒之根，殺瞋則安樂，殺瞋則無憂。」所以，心中如果充滿怨念與仇恨，生活絕對無法過得平靜喜悅，平靜跟喜悅就是我們心靈的家。一個人如果生活中缺少洞察力與離執力，日子要過的輕安自在是很困難的事情。透徹今生所受果，就是過去所造因；今世所造因，就是來世所受果。傷害也好，障礙也好，或一切的不如意，都不是別人所給，而是自己過去生所造。有被傷害的果，必有傷害他人的因，因緣果報是歷歷不爽，必須懂得因緣觀並隨緣消舊業。歡喜還還就打八折，並且從此不再糾纏；不歡喜受就本金加利息生生世世沒完沒了。所以，懂得因緣果報的道理，才能以平常心去面對與放下，也才不會怨天尤人，這樣才是正信佛法的正思惟。雖然從念經、聽經而獲得心靈的平靜，但事情一來又打回原形，這表示所學、所唸仍經不起考驗，還派不上用場。如能繼念經、讀經、聽經，再加以「行經」，這樣就是以所造之福去轉所受之業。孔子說：「學而時習之，不亦悅乎！」意思是說：學過念過之後再經常去實踐，這樣學以致用，將所念及所聽之經中義理，化為力行去聞聲救苦，並在見苦知福之後再福中修慧，如此才是將佛理鞏固成為自己的智慧。智慧一旦啟發，縱然事情一來，我們自然而然能「事來即應，應過即放」，也就是如上所說「前腳走，後腳放」，這樣才不會被境界所羈絆與影響。

一百五十四

問：擔心與煩惱有何不同？

答：「擔心」是煩惱的前奏，「煩惱」是擔心的結果。「擔心」比較短暫，「煩惱」比較長久。「擔心」是事過境遷就沒有了，「煩惱」是生生世世不間斷。煩惱的前奏不是只有擔心而已，諸如後悔、迷惑、無明、恐懼、憂慮、困難、挫折、障礙等等，而五毒的貪、瞋、疵、慢、疑更是眾生煩惱的主因。這些苦因如不能事先對治，或苦緣如無法預先以智慧去化解，一日長期累積或情況惡化則形成煩惱。然而，凡夫害怕煩惱，也經常被煩惱圍困，聖者卻把煩惱當作道業增長的逆增上緣，所以才有「煩惱即菩提」之說，這是不生不滅、不垢不淨、不增不減的一體兩面。其實，適當的憂慮沒有什麼不好，它可以使一個人進取，但過度的憂慮就不好，它會使一個人變成消極。解脫煩惱也是學佛的目標之一，一旦把煩惱化解了，那就是心智的超越與突破，此乃煩惱就是成佛的種子，煩惱也是道場，煩惱更是修行的資糧。所以，這中間佛法就是扮演去蕪存菁的轉化角色。

一百五十五

問：快樂的定義是什麼？要如何讓他人快樂？是從自己做起嗎？

答：一般人講「快樂」，學佛的人是講「法喜」。快樂是來自一個人內心的主觀意識狀態，而不是尋求感官上或物質上刺激亢奮的結果。所以，快樂是來自自己的內心深處，不是向外追求。向外追求就是心外求法，即是外道。我們對快樂愈是窮追不捨，它離我們愈遠，我們愈是刻意追求，它愈會成為我們的負擔，這是因為對快樂的有所求也是會形成求不得的煩惱。其實，快樂是離我們很近，只是我們常常忘記去靠近，因為我們經常是捨近求遠，就如佛教典故中所講的身懷明珠卻自以為是貧窮子。要快樂就要沒煩惱，要沒煩惱就要深入佛法，心中沒正信、正念的人卻想要快樂，那是很困難的事情，即使有也是短暫。有人生活在優渥的環境中，自認過著很快樂的日子，然而「人生無常」告訴我們須有憂患意識，順逆境界生生滅滅，我們的心如果沒有持續的鍛鍊、充實與準備，一旦碰到小小的不如意或不順遂，都可能會不堪一擊而讓人痛不欲生，這是我們生活周遭屢見不鮮的事情。所以，究竟之道不是追求快樂，而是學習去煩惱。要與他人分享快樂之前，自己要先有快樂。自己活得不快樂的人就猶如泥菩薩，自身都難保，如何給別人快樂？也猶如一個體弱多病的人要去向人推銷健康食品，誰會跟你買？因為我們無法給別人我們沒有的東西。《靜思語》說：「幸福快樂不是擁有得多，而是計較得少。」所以要學習與人無爭、與事無爭。俗語也說，幸福快樂不是擁有最好的，而是把什麼都當成最好的。這些都是幸福快樂的「心念種子」。

一百五十六

問：慈濟人真的都那麼快樂嗎？道理是什麼？

答：慈濟人學佛行菩薩道，內修四弘誓願，外行四無量心。四無量心就是慈、悲、喜、捨，也就是大慈無悔、大悲無怨、大喜無憂、大捨無求。能做到無悔、無怨、無憂、無求，煩惱自動消除，快樂自當現前。佛法重視的是內觀與內求，心外無法也無道，心外無佛也無魔；心外求法無法可求，心外求道道必難會。佛法是如此，法喜也是如此，快樂也不例外。最好的觀光景點不是在旅遊區，而是在自己的內心，好山好水就在自己心中，不必遠求。所以，要快樂或讓快樂持久就要懂得內求，而不是外求。透過感官上的接觸去獲得快樂，這是最原始的方法，一般人也都停留在這個階段。但畢竟感官上的快樂是短暫的，它無法長久保存，一旦短暫的快樂過去之後，我們又開始追尋另一個快樂，所以我們大部分時間都是在追尋所沒有的，而不是在享受已經所擁有的。感官上的欲樂如果是高雅或無害的，本質上我們不能說是有錯，但就因為我們很容易把它視為人生追逐的目標，佛陀認為危機就在這裡面。快樂的本質是去除煩惱，而不是豐衣足食，煩惱去除自然就會快樂，但享受快樂的人卻不一定沒煩惱，此乃快樂之中還是會夾雜煩惱，這是染著之樂，佛家謂之「欲樂之苦」。表面上看似快樂，實則苦中作樂，本質上還是「苦海無邊」。雖說苦海無邊，但只要肯回頭，則回頭是岸，這個回頭就是回轉心頭，一念心轉萬境轉的意思。因此，上人頻頻呼籲慈濟人要過克勤、克儉、克苦、克難的簡樸生活，也教

變一生。觀念正確則想法正確，想法正確則態度正確，態度正確則做法正確，做法正確則表現良好，表現良好就是命運改變。悲觀是由這一念心，樂觀也是由這一念心；成功是依仗這念心，失敗也是依仗這念心。所以，佛法才說「三千一念由心牽，一念含容三千界」，也說「境由心轉」。意即對一個人或一件事產生煩惱或不悅，不是這個人或這件事讓我們煩惱或不悅，而是我們對這個人與事的看法跟想法有關，這就是思想跟觀念。所以，心無正念則易起悲觀，悲觀的人則難起正念；心存正念則易起樂觀，樂觀的人則易起正念，彼此互為因果。悲觀的人容易多愁善感，遇到雨天會讓自己的心情低落，遇到晴天則感覺焦躁；樂觀的人容易正向思考，遇到雨天會感覺滋潤大地，遇到晴天則看見光明與希望。悲觀的人是看到機會後面的困難；樂觀的人是看到困難後面的機會。同樣的天氣與遭遇，卻有不同的心情與心境，此乃「心念」使然。要維持正向的心念，不必全靠情境，也不必遷就環境，而是必須懂得「以心轉境」，這個需要有正信佛法做後盾。心念的把持，是與正知正見及正思惟息息相關，起心動念不離正法就是「正思惟」，心中不迷而斷見思惑就是「正知見」。因此，要令人生樂觀積極，簡單說來，就是要有「智慧的信仰」、「堅定的願力」、「精進的行動」。一言以蔽之，就是「信、願、行」，這是行菩薩道探求真實法的三要件。而佛法中有八個協助我們達到此目標的方法，謂之「八正道」，人生如都是時時心存正念，也行於正道，則要不樂觀也難。

一百五十八

問：有人覺得自己一無是處，常常自覺做錯事或做事不順而很不快樂，要如何激勵他，讓他改過來？

答：「覺得自己一無是處」就是「妄自菲薄」，也就是看自己不順眼，而看自己不順眼則是信心有問題，自己都看不起自己，別人怎麼會看得起我們？被人看不起當然就無法獲得別人的尊重，這樣尊嚴喪失了，生活當然會不快樂。做錯事讓人有挫折感，而一錯再錯則會打擊自己的信心，信心一旦動搖，做任何事都會沒有把握，失去信心就等於是失去力量，這就是危機。有時候，小錯影響一時，大錯影響一生，更有形無形地改變了我們的命運。常常自覺做錯事及做事不順，可能是經驗或能力不足，這須積極充實自己，學習仔細的分析、精確的判斷、用心的策畫、積極的實踐、虛心的檢討等等。如還是不順，則須深觀因緣果報，福報不足自是諸事不順，這須從行善造福去改善。人都要學習從錯誤及失敗中去汲取教訓，並從中找出邁向成功的訣竅，而一旦成功了也不要得意忘形，更不可「妄自尊大」，須再繼續學習收斂藏形，如此因錯誤而找到正確的方向，也壯大自己的心智，這未嘗不是好事一樁。所以佛家說「感恩逆境」，這自有其深邃之含意。

一百五十九

問：生命中常會碰到許多小人，也會因此而起瞋恨心，該怎麼辦？

答：碰到貴人是福報，碰到小人是業障。碰到貴人要感恩，碰到小人更要感恩。若能心存感恩，則小人變貴人，此猶如每一尊佛都會有各自的提婆達多，每一尊佛也都很感恩提婆達多來成就自己的道業，佛陀甚至授記提婆達多成佛的時間比其他弟子還長。所以，碰到小人先不要心存討厭或心生瞋恨，這樣會彼此越看越不順眼，自己也會因人亂了心而起怨瞋會之苦。當我們瞋怒時，會覺得我們所瞋怒的對象非常可惡，其實百分之九十的可惡是我們自己內心所投射出來，也就是我們對這個人或這件事的想法跟看法，所以如果我們能立即轉念告訴自己：去責備一個惹我們生氣的人，只會令我們更憤怒；去埋怨一個令我們憂愁的人，只會讓我們更悲傷，心念這樣一轉，可惡的人就沒那麼可惡了。既會碰在一起，就是有緣，雖是惡緣，更要「隨緣消舊業，不再造新殃」，這樣才是正念。如能化解惡緣結善緣，則自轉心輪、自轉乾坤，身邊小人變成我們終身的貴人，這是菩薩道的用法之妙。如不能調伏他或改變他，則我們只好明哲保身、自求多福，做到「親賢臣，遠小人」，對小人仍待之以禮，但要保持距離，以策安全。

一百六十

問：精神與物質的追求，怎樣才算是滿足？

答：物質生活不要比上不足，因為比不完；精神生活則要比上不足，因為學不完。物質要往下比，精神要往上比。知足的人是想到貧窮人家的苦，不知足的人是想到富有人家的樂。所以，快樂或滿足與否，不是你擁有多少或擁有什麼，而是你想的是什麼？這跟我們的思想與觀念息息相關。人如果慾望太多，就會喪失知足的空間，這樣生活也會失去快樂。精神豐富的人，必定是物質生活簡單的人，而簡單就是美。太重物質享受的人，則較難提升自己的精神生活，此有如飛機之雙翼，一邊揚起，另一邊必定是下沉。物質不是不重要，但不必刻意追求，簡單就好。物質享受盡量減低，精神與心靈自然提升，因為「知足常樂」、「知足最大富」、「知足天地寬」，這已不是感覺滿足而已，而是感恩的境界。

一百六十一

問：您分享時說到要學習放下知見、去除我見、心空無見，這樣事情或理想怎麼去實現？

答：「放下知見、去除我見」是知見的解脫；「心空無見」則是不先入為主，也不心存定見，意即要先淨空自己，才有可能找到真理。學佛就是要朝著解脫與覺悟的方向邁進，而「看開」與「放下」就是解脫與覺悟的行動綱領。一個人心中如果還有希求回報的執著甚或潛意識，就會對人與事看不開、放不下。然而，有時候我們自認是無所求，實則還是有所求，蓋因這樣的見思惑如塵沙般微細，自己不易察覺，不易察覺不是沒有，而是我們不具慧眼。「要求別人接受我們的意見也是有所求，勉強別人接受我們的意見那是對別人強求，而主觀認為自己的意見比別人好那更是沒理由。」也因此才說要學習「放下知見，去除我見，心空無見，這樣煩惱才會跟我們說再見。」堅持己見未必會把路走絕，但肯定會把路愈走愈窄。因為，堅持己見的人是目中無人，心中只有自己，也認為只有自己最懂、最行，完全聽不進別人的想法與意見，這樣的人因為「深著我見」，所以「大法難投」，也會因「心門不開」而「正法難入」。因此，這樣心態的人因無法廣結善緣，所以也會缺少助緣而大事難成。要實現理想或達到目標不是靠個人的堅持己見，而是要萬眾一心、眾志成城，尤其身為領眾者更須學習集思廣益、廣納雅言，並且能不恥下問、以能問於不能，以這樣合和互協、謙卑虛心的團隊精神去做事，比較容易因緣和合而圓滿成就。

一百六十二

問：別人的不對是我們反觀自照的鏡子，為了止息紛爭，我們對的人可以向錯的人道歉。但是否也能用婉轉的方式讓他知道自己的不對？

答：為了止息紛爭，而能做到對的人向錯的人道歉，已屬不易，因為這是學習放下而得到解脫。別人要不要修行那是別人的事，我們要修行就要修得心寬念純，修行者如要體會入佛境界，就須從自己先充實、先調整，先自我改善，做得到才會怡然自得、悠然自在，此即自覺。至於要如何覺他而也能婉轉改變他，這需要看因緣。天時、地利、人和也就是人緣、地緣、時緣均具足，這就是善因緣，此時有緣講話是真理，容易度化人。設若不能察言觀色，或不能伺緣應機，提醒他反而會造成他的不悅或傷害，則寧動千江水，不動道人心。反之，如能以智慧審時度勢、應機教化，權巧點醒他而讓他歡喜接受，也不會讓他覺得難堪，此為微妙用法而令彼此互為善知識，互為貴人。所以，用法之妙存乎一心。

修行篇

一百六十三

問：為什麼要加入慈濟？在慈濟裡我們會得到什麼好處？

答：加入慈濟是為自己的慧命找到心靈歸依處，也是為自己找到心靈的家。心中充滿喜悅、平靜、安詳、寧靜，這樣就是心靈找到了家。喜悅、平靜、安詳、寧靜不是老天賜於我們的恩典，更不是天上掉下來的禮物，而是我們的身心靈須在人群中接受淬鍊與磨練才有可能獲得。做慈濟要在為人群付出的當下體解人生只有使用權，沒有所有權，知道這個道理之後，就須充分使用身體這個載道器，發揮其功能與良能，這就是生命價值觀。在慈濟工作裡，我們從付出中學習捨的精神，從小捨到大捨，從不捨到能捨諸難捨，雖說「諸法皆空」，但因果與業力不空，所以佛家才說「萬般帶不去，唯有業隨身」。同時，了解了「諸行無常」的人生真諦之後，就會警惕自己趕快做好無常來臨前的準備，把這樣的觀念化為行動就是在勤植來世福。做慈濟既是無所求就不能講會有什麼好處，但有一件事情必須有所求，就是期許自己智慧增長，這是學佛做慈濟的願景與目標。做慈濟本身已是在入人群中造福，這是「下化」；造福之際也精進入經藏聞法，這是「上求」。上求諸佛妙理，下化有情眾生，這樣能上求下化與內修外行就是福慧增長。與其說「好處」不如說「妙處」，此妙處是，因為忙得有方向、有目標、有重點，所以無形中也轉移了生活的重心與人生的目標，而開創出生命的新視野，這就是生命已脫胎換骨，也就是慧命的昇華。有許多人過去的人生懵懵懂懂、醉生夢死，加入慈濟之後走入暗角訪貧或參與急難救災，從中體悟了觀身不淨、觀受是苦、觀心無常、觀法無我的〈四念處〉，與苦、集、滅、到的〈四聖諦〉真理，從此人生一念心轉萬境轉，脫胎換骨之後成為浴火鳳凰。表面上看來，忙得很充實而讓生活有寄託，實則在潛移默化當中，生命正逐漸邁向解脫，這就是由方便走入真實，由入世的有為法探求出世的無為法，謂之「一乘真實法」。整個投入的過程就是一乘真實法的用法之微妙。

一百六十四

問：請問加入慈濟後，要怎樣付出才會成長？

答：加入慈濟是有緣，但不能只靠緣做慈濟，而是要繼續學習發心立願，才會有成長。加入慈濟不是只參加活動或來打發時間，也不是生活有寄託就好，還要人生有解脫，這是生命邁向解脫與覺悟的一大事因緣，不能等閒視之。剛加入時，自己要先去了解慈濟的修行法門是什麼？其修練的方法與理念是什麼？也就是要「明其體，知其法」。只是做志工或做活動還不夠，一邊做還要一邊學，做是外行，學是內修；做是參加活動，學是修練正法。只是做慈濟或參加活動還不能說是行於菩薩道上，而是要信、願、行三者兼備才算，目標是希望能「以慈導悲，以悲啟智，以智顯慧，以慧等觀。」參與志工活動之後，還要繼續參與見習，這是要從中了解慈濟四大志業八大法印。見習之後如能不退轉則須再上一層樓，接受培訓，這是要從中充實慈濟精神與理念。培訓過後接受受證為委員或慈誠，這是承擔是我所要的，我擔心的是弟子們的智慧有沒有增長。」已經用心在做，但理念方法不正確，這樣也可能會用心在不正確的事情上面，造成事倍功半。已經在付出，卻感到智慧沒有增長，可能是精進有餘，清淨不足，也就是忙過之後沒有讓自己的心靈獨處與沉澱，造成身忙心也忙，失去方向、失去重點而不自知，這是空忙一場。身體很精進是好事，但如果心中不入法而走入偏門，這樣也會功虧一簣，造成愈精進反而愈偏離正道，也就是努力跑錯方向。所以，即使很用心、很精進，但卻心中沒有入法，這樣也是難成就，也會無法度。水的清澈並非水中沒有雜質，而是懂得沉澱，此猶如要澄清一杯汙濁的水，必須將它置之一處，靜止不動，時間久了雜質自然沉澱，清水自當現前，這就是靜思的作用。因此，再怎麼忙，每天都要有時間打掃自己的心靈殿堂，也都要有獨處跟沉澱的時間，這樣才能讓我們的心靈有更多成長的空間，這就是動中修靜、靜極思動的工夫。這也與上人所說「做中學、學中做」的道理是異曲同工之妙，不是久久一次而是每天必做的功課。所以實踐力行之後，還要靜思沉澱，學習的過程也是要用對方法，也須有要領。上人說：「心中有道，不覺不悟。」真正的道理就在我們心中，這也是要我們能先自我覺照，方能有所徹悟。因此，若要往內求法求道，必須向外走入人群之後再時時向內深觀，此即「內外一統」。心中先起正覺，一旦有了正覺，自然會「正」而不邪、「覺」而不迷。此猶如孔子所說：「學而不思則罔，思而不學則殆。」亦即，只是忙著做事卻不懂得深觀靜思，那會茫然無效；只是空思妄想而不去付諸行動，那也會茫無頭緒。

一百六十六

問：慈濟人如自己面對問題或困難，應該以怎樣的想法去化解，才能走出困境繼續為別人服務？

答：佛法如果不是建立在苦、空、無我及無常之上，佛法就沒有什麼好修了。

所以，苦是人生的本質，就如苦是苦瓜的本質一般，然而苦與甘卻是一體兩面，一念之間。佛家更相信以感恩心面對逆境，則逆境才會是增上緣。相反的，如去埋怨一件令我我們憂愁的事情，則只會讓我們更哀傷。其實，即使有傷痛，那更要提起正念，告訴自己，傷痛是化了妝的祝福，代表著軟弱正在離開我們的身體，取而代之的是堅強與勇敢。把這樣的思惟用在面對困難挫折上，則你強它就弱，這也是一種轉境與轉念的妙法。

上人曾開示：「慈濟菩薩道就是要在人群中做天下事，天下事困難重重、層層關卡，且關關難過，但是只要我們心中有入法，則關關難過關關過。所以，心能過關，事就過關。」人群中就是因為充滿形形色色的人事問題與凡夫現象，這是菩薩道修練的功課，所以菩薩道強調要走入人群才會覺行圓滿的道理在此。理圓就是自覺；人圓就是覺他；覺行圓滿就是自覺覺他，這就是上人所說的「三覺」與「三圓」。二〇一四年六月，上人行腳全省，中間開示說道：「一些委員碰到困難挫折或人事問題就要跟我一鞠躬下臺不做了，我碰到的問題更艱難、更多，我要跟誰一鞠躬下臺？再怎麼困難辛苦都要扛起來。」要做聞聲救苦的菩薩，自己就要先能吃苦了苦。人生雖苦，但唯有不怕苦的人才能吃出甜味。所以，隨時充實自己讓自己道心堅固、意志堅定、心寬念純，才不會動不動就對號入座、感覺受傷，或作繭自縛、落入困境。即使一旦難免落入困境，也是須懂得自轉法輪、旋乾轉坤，立即脫困而出。這就是上人所說的「思惟修、靜慮法」。

一百六十七

問：應如何「自律」？

答：「自律」就是自我約束、自我管理。《論語》：「君子務本，本立而道生。」其中的「務本」指的就是嚴以律己的反觀自性與反求諸己，強調每一個人都要先從根本上做好本分事，能盡到本分的人才是有本事的人。一個品德修養高尚的君子，會先做好「修身」的本分事，修身做到了，才有可能齊家、治國，繼而平天下。即使是內修外行、走入人群的菩薩道也是強調先「內能自謙」，再「外能禮讓」，兩者內外兼具就是「功德」。《靜思語》說的「改變自己是自救，影響別人是救人。」也是強調自救在先，繼而向外救人，雖說兩者是相輔相成，但仔細解析還是有微細的先後順序，也就是由內而外。同理，既然要做救人的菩薩，就須懂得先保護自己，否則泥菩薩過河，自身都難保如何去幫人。救災也是一樣，救別人的災之際，也須自省是否自己也有受災？什麼災？就是心靈之災。心靈之災就是心念偏差、心靈空虛、心猿意馬、心煩意亂、心神不定等等。所以，自律就是自制，也就是修身，是一切修養的根本，就如樹根是樹的根本一樣，根部穩穩立住了，大樹才有可能開枝散葉、雄偉茁壯起來，所以才說「本立而道生」。一個不聽話的領眾者，就會帶著一群也是不聽話的跟隨者；一個不遵守道規的組長也是會帶著一群不守規矩的組員；一個不懂得尊重別人的主管也會帶領一群同樣不會尊重別人的下屬，這就是「上行下效，物以類聚」。同理，明師出高徒，那是明師具備自律甚嚴且心包太虛的胸襟與氣度，才有可能以德服眾而有樣學樣出高徒，古諺：「強將手下無弱兵。」也是此意。「聽話」，就是依教奉行、歡喜信受。「規矩」，就是嚴持戒律、遵守道規。「尊重」，就是以禮待之、禮尚往來。聽話、規矩、尊重的涵養，就如上人教誨慈濟人的感恩、尊重、愛，也如佛法所說清淨、平等、覺，做到了就是身教已成，而此自度的身教中自有度人的德與緣，兩者須如脣齒相依，才能自度度人，這樣才是真度。

一百六十八

問：慈濟人要如何「深入經藏」？

答：一乘法講的是如來真實義，而真實義就是一邊走入人群，一邊也要深入經藏，修於內也行於外。只內修無外行，或有外行無內修，都不能稱為真實義。走入人群是為眾生，是慈濟宗門的領域；深入經藏是為佛教，是靜思法脈的層次，兩者內外一統，堪稱「以慈導悲，以悲啟智」。「深入經藏」不是單指從早到晚忙著誦經、拜經或聽經，而是要「依經入行」，將經文導入行動中，此謂之「行經」，所以不只佛法要生活化，經文也是要生活化。慈濟法門是人間路的宗門與菩提道的法脈並駕齊驅、相輔相成，日積月累的點滴累積即成慈濟大藏經，意即現代《法華經》。這整個過程就是「內修菩薩心，外行菩薩道」，此即「深入經藏」的真實義。

一百六十九

問：慈濟人強調走入人群行菩薩道，但在行善之際，是否有深入了解佛法、聽聞佛理？

答：曾經有委員向上人提及：「外面有人說我們慈濟是修福不修慧，這要怎麼回答？」上人回道：「這是弟子的問題，不是師父的問題。」言下之意，自己要捫心自問是否福慧雙修？來慈濟如只是行善做好事，卻不聽經聞法，這是修福不修慧，也就是菩薩道只走一半。相反的，很懂得佛理，但卻沒有入人群造福，這樣即使很有智慧但缺福緣，還是無法教化眾生，這就是修慧不修福。上人曾說：「在慈濟裡沒有明顯的佛法。」蓋因行住坐臥、挑柴運水、舉手投足處處都是佛法，佛法的極致之處就是與生活全然結合，所以處處是道場、人人都是法。佛法如不能有效融入生活中或工作中去起妙用，則學再多的佛法最終還是沒有什麼價值。未成佛之前要先結好人緣，人群中的人理要先懂，若只是很懂得艱深的佛理，卻不懂得人跟人之間相處的基本道理，這樣所學佛理不能印證人理，一旦用在真人真事上絕對是不合情也不合理，這樣學佛再久也找不到真理。所以「理事相通」很重要，佛法就是理，慈濟就是事，兩者具足就是理事圓融，也就是大乘佛法所強調的自覺覺他。以慈濟的法門來解釋，走入人群是外行，也就是「宗門」；深入經藏是內修，也就是「法脈」，兩者雙軌並行謂之「為佛教，為眾生」。上人把艱深難懂的經文，藉慈濟人慈濟事去印證，從入世的方便法中去探求出世的真實法，從中以人間事顯天下理，目的就是要讓大家能將佛法生活化，也就是權中有實、實中有權，這就是「說妙施權，開權顯實」。所以，不是只有多聽佛法或多看佛書，最終還是要多走入人群、多接觸苦難境界，如此才能入佛境界，也才能徹悟佛法的真理大綱。

一百七十

問：如發覺彼此之間很沒有緣，同時也沒有其他助緣，但又想改善雙方的關係，請問有什麼方法？

答：沒有緣或緣不好自有其因，要從因去對治做改善，蓋因「菩薩畏因，凡夫畏果」。自己平常就要種善因、起善念、結善緣，這樣才能締結好人緣。上人曾開示：「木雕、泥塑或紙畫的佛像我們都會恭敬禮拜，生活周遭的法親或朋友怎麼不能去禮敬諸佛？這樣，你所說的大愛是要去愛誰？」

真是一針見血、醍醐灌頂。所以，既然學佛了就不要只是做一個對的人，還要做一個慈悲的人。做人講理還不夠，還要理直氣和、得理饒人，甚至對的人還要向錯的人道歉，這聽起來會有點納悶或不解，但唯有如此才能止息紛爭，誰先放下，誰就先解脫，想要成佛的人就要自己先改。《靜思語》說：「處理事情要將理智蘊藏在感情之中，此即『外圓內方』；與人相處要將感性置於理智之上，此即『隨方就圓』。」這是原則與圓融兼顧的中庸之道，也是佛法的至善圓滿之道。與人相處要多講情少講理，理多情就薄，這樣就難結好緣。所以上人才說：「慈悲與智慧不能兼得的時候，要選擇慈悲；感性與理性不可兼具的時候，要選擇感性。」就是這個道理。自己先反求諸己、檢討自己、改善自己，一旦自己改變了，就容易影響別人。自己先做到心中有愛，日積月累，終有一天會因緣轉變而人見人愛。如果因緣還是不具足，則不必太強求，只好一切隨緣，但仍須耐心等待因緣，期盼化解惡緣結善緣。

一百七十一

問：在充滿人我是非的人群中，如何安住自己的心念？

答：既然道場在人群中，就難以避免人與事的磨練與考驗，五濁惡世的人群就是汙泥，才能成就菩薩道。佛法如果離開了煩惱跟汙濁，則佛法就很難存在了，就如蓮花離開了汙泥，就開不出清淨的花朵，道理是一樣。凡夫的修行道場也是難以避免人我是非及人事問題，所以《靜思語》才說「要把是非當教育，不要把人事當是非。」能時時提起正念、覺而不迷，則覺來煩惱除。相反的，迷來則煩惱生，人家看了很喜歡的境界，我們反而看了很討厭；人家很感恩的事情，我們卻很煩惱，這樣就是迷失真心。面對是非時要有「清淨觀」，面對順境要有「無常觀」，面對困境則要有「因緣觀」，觀念正確、心念清淨則見境不起心，如此面對複雜的人事，不但不落入是非，還要把它妙用成為一種教育，此即妙法。古德說：「觀其善不觀其惡，取其法不取其惡。」它告訴我們是非善惡都是境相，學佛就要懂得境相取捨，這也是一種智慧。外若著相，內心即亂；外若離相，心即不亂。離「理事二惑，人我二執」之相，就是離相。所以，心中的定境愈深，遠離紛亂的能力就愈強。這中間，「心離境」與「心不亂」就是一種安忍不動，做得到就就是「禪定」，做不到就變成被煩惱纏身的「在纏菩薩」。不只是非，順逆境界亦然，都要能對境無心，即使有起心，也是升起一念無所住之心。面對順逆境界如都能以平常心與平等心泰然處之、不動聲色，這就是上人所說的「默忍則安」，也就是安忍不動如大地。雖說默忍，然靜默之中仍蘊藏著巨大力量，謂之「一默響如雷」，這是一種內聚凝結的不可思議力量。所以，如如不動不是像一顆大石頭一樣沒有感覺、沒有反應，而是該動不靜、該靜不動，是柔軟中蘊藏著力量，叫做軟實力。如此才能風行草偃、安住自心，碰到境界也才不會輕易動搖停退，能這樣就是懂得自轉法輪。

一百七十二

問：對一件事或對一個人，很用心、很努力的付出，卻得不到應有的回報，很不甘心，很不情願，怎麼辦？

答：不甘心只會讓自己心存芥蒂，令身心不能輕安，對事情一點幫助也沒有，所以不是正念。上人說：「甘願做，歡喜受。」對人對事心甘情願才不會埋怨。孟子說：「行有不得者，皆反求諸己。」做出來的事，得不到預期的效果，就要在自己身上下反省的工夫，而不是去怪罪別人。孟子也說：「君子求諸己，小人求諸人。」這些至理名言「文辭雖異，其義相通」，都是生活的智慧、人生的真諦，也是做人處世的態度。沒有得到預期的效果可能是：很努力，但方法錯誤；很用心，但方向偏差；很會做事，但人緣還結得不夠好；也可能用心努力的程度還不夠，以致別人尚無法感受。無論原因為何，我們只能自我反省、自我調整，而不是去苛求別人、埋怨別人。只要心中有一絲絲的希求，則付出越多，煩惱也會越多。相反的，把握因緣付出無所求，再心存感恩，則所有的付出終將成為自己心靈成長的喜悅，即使還有碰到不如意或不順心，也都會因自己的心存感恩與正念，而成為逆增上緣，最後都會一切都是好緣。別人有沒有對我們感恩那是別人的事，我們決不是為了要得到別人的感恩或讚歎而去付出。已經甘願做，還要歡喜受；已經前腳走，還要後腳放，一切向前看、向前行，這樣才會觸事無心、無怨無悔。上人曾對一位做得很無奈也很不情願的委員說道：「要很情願做，甚至難行能行，這樣才會感人，也才會是力量的泉源。不情願做，則會造成清流中有汙點。」這句開示很值得我們體會。

一百七十三

問：對於慈濟人，上人常勉勵大家對人要「善解、包容」，對自己要「知足、感恩」，慈濟人是否凡事都要「隱惡揚善」？這樣如何能除弊興利、成長進步？

答：「揚善」就是報喜，也就是好人好事傳千里，也是以善導善，讓愛循環，宗門的宏揚就是如此。「隱惡」就是不報憂，這須從三個方向來探討，壹、從我們的角度來看，我們認為不好或不對的事，以當事者的角度來看，不一定是不好或不對。有時是沒有對錯之別，而是觀念不同而已，須以客觀、宏觀及同理心的遠近不同角度，去做精確的分析與判斷，這樣才會洞見真相。貳、如果真是不善或不對，則見惡首先須自我警惕，要「擇其不善而改之」，改自己，不是改別人。因為對方示現境相讓我們有機會反觀內省，所以要感恩他。如有機緣給予導正，那是彼此結好緣，如是碰不得，則不要因不能改變他而討厭他，還是以禮待之、等待因緣。參、如果是良善或正確的，則依法不依人，善知識的法我們可以學習，要「擇其善者而從之」。

然而，善知識也偶有犯錯之時，我們則要從中警惕，千萬不要因善知識的偶爾犯錯，我們卻因此排斥他的正法，否則就與「依法不依人」的正信佛法背道而馳。「除弊興利」是除自己的弊、興人群的利。修行團體也是凡夫的團體，不能說都沒有缺失之處，但我們不用「弊端」這字眼，而是以「不如法」稱之。蓋因弊端可能藏有違反法律之嫌，不如法是不隨法而行，以致違反道場之戒規，兩者有程度與性質上之輕重差異。

修行團體講廣結善緣，如真要除弊，也是以「心中有戒，行中有愛」以及「以戒為制度，以愛為管理」為最高處理原則，這樣才會理事圓融。即使如此也並不代表善惡不分或是非顛倒，解決問題不是只有魄力就好，仍須懂得耐心等待因緣，從最恰當的時間點切入。魄力是用來做事，若拿魄力來對人很容易造成對立，對人需要親和力，即結好人緣之意，這就是軟實力。如是魄力有餘、親和力不足，則易落入「有勇無謀、匹夫之勇」或「能力很好，人緣不好」之境地。分寸的取捨與拿捏也是過猶不及，這個需要智慧。

一百七十四

問：有時候，我們面對某一件事，或上人的某一句開示，會因各人的角度不同，而各有不同的解讀，此時，我們要如何去「覺」呢？

答：上人的開示是「一音說法，法隨眾生，各得其解」，有時甚至是「四眾同聞，法未同解」。對一件事或一個人，甚或別人說的一句話，不同的人因不同的角度，都會有「文辭雖一，其義相異」的不同解讀，這是常有之事。所以，學習佛法要秉持四個原則，謂之「四依四不依」，意即「依法不依人，依義不依語，依智不依識，依了義不依不了義」。有時候，我們針對同一件事或同一個人，今天跟昨天的看法都會有所改變，甚至連心情好壞都會影響我們對一件事或一個人的觀感與判斷，何況是不同人的不同角度。但是，法無定法、法本無法，只要是心存正思惟，起心動念時時不離正法，則不論我們角度如何不同，看法如何有異，即使千變萬化，它仍然是「萬法歸一」，意即「道一以貫之」，最後都是殊途同歸、無有二路。因此，雖因角度不同而致解讀不同，但各人所「覺」仍不離智信與正信的範疇，這就是大乘佛法在不同根器的人身上說妙施權，產生了應機妙用，以慈濟法門來解釋，謂之「種種權教，悉歸實智」，這就是甚深微妙的「一乘真實法」。

一百七十五

問：如何去原諒一個不能原諒的人？

答：既說「不能原諒」，表示對方的犯錯已經超過我們可以忍受的範圍，意即無法再繼續包容下去，或無法再繼續忍耐下去。果真如此，則我們的「不能原諒」對事情有何幫助？常常被別人原諒不會是一件歡喜的事，但是常常去原諒別人的人卻是懂得善待自己的人，這樣的人因為心量大，事事看得開、放得下，所以生活輕安自在。上人曾對此開示：「包到包不下去，忍到忍不下去，就是最大的包容了。」問題是每一個人的忍耐度跟包容量不一樣，什麼才是最大的忍耐度與包容量？其實，心胸寬大則永遠可以包容別人，只有心量不足才會感覺自己是在縱容別人。

一百七十六

問：當我們一直在勸導受傷的一方，要去原諒傷害別人的那一方，長期下去，傷害別人的人變本加厲，這樣要如何繼續原諒？如何保護受傷的一方？

答：每個人的心都會打造屬於自己的世界，所以才說「萬法唯心造」。生活中，所有的是非、困難、挫折、壓力、誤解、障礙，甚至是傷害等等，其實都是自己的心理反應，佛法謂之「自性顯現」。當我們憤怒時，會覺得我們所憤怒的對象非常可惡，其實百分之九十的可惡是我們自己內心所投射出來，也就是我們對這個人或這件事的想法跟看法。所以，如果我們能立即轉念告訴自己：去責備一個惹我們生氣的人，只會令我們更憤怒；去埋怨一個令我們憂愁的人，只會讓我們更悲傷；去計較一個令我們受傷的人，只會讓我們更傷痛。意即對這些現象的產生是持何種心態，決定了我們被它影響的大小程度。你重視它、在意它，它的力量就很大；你不理會它、不在意它，它就沒有力量。如果對傷害不起反應，傷害就找不到對象了；同理，我們對痛苦不起反應，就沒有痛苦的感覺了。佛法說：「將感受令其不生反應。」這是一句意境很深，也值得深入體會的箴言。有感受就好，但不必起反應，感受與反應是一線之隔，就如全壘打與高飛球接殺也是一牆之隔，但結果是迥然不同，兩者道理是異曲同工之妙。不過，有智慧的人在面對這些現象時能隨起隨滅、不置心中，不但不被它影響，甚至還要反過來應緣起用去妙用它，讓自己因為應機妙用而致心智壯大起來，這就是轉境與轉念的工夫了得。其時，我們也須適時將《靜思語》拿出來運用：要原諒一個不小心傷害別人的人，但不要做一個輕易就被傷害的人。無法要求別人，只有不斷充實自己。

一百七十七

問：今生所受的果，是前世所種的因，如果有人面對困難，或疾病纏身，我們需要去幫忙他嗎？還是視為因緣果報，讓他們自行承受苦報？

答：如果面對困難，或疾病纏身的這個人就是我們自己，請問我們希望別人把我們視為「因果報應」或「自作自受」？還是希望別人關懷我們、幫助我們？能有這樣的思惟就是人同此心，心同此理，這樣就是同理心。世間因為有「雪中送炭」與「患難見真情」，人間才充滿至情至性；社會因為有「守望相助」與「敦親睦鄰」，生活中才會時時有貴人相助。被幫助的人感恩有此慶幸碰到有愛心的人，幫助別人的人感恩有此福報成為救人的人，這就是善念共振、溫情滿人間。

一百七十八

問：雖然我相信因果，並與朋友分享，可是朋友卻反駁我說：「來世或下一世我們都已不記得現在的我，換句話說，我們已投胎轉世變成是另外一個人了，那就算種下好因，下一世也不知道啊！」我該如何回答？因為自己也很困惑。

答：我們雖然轉世投胎做另一個人，但是經云：「萬般帶不去，唯有業隨身。」業力是生生世世永遠跟隨著我們這個業報身。所以，既得人身，就是要來受報，隨著前世所修之善業或惡業而受今生之善報或惡報，且此受報也不只是在人道才有，六道皆有輪迴，其中地獄、鬼道、畜生等三惡道更是苦不堪言，所以須深信因果與輪迴。不信因果就會有嚴重的後果，會因為誤認沒有天堂，所以不必多做好事，也會誤認沒有地獄，所以壞事可以多做，這樣因果錯亂，天下豈不大亂？來世或下一世會知道這一世的我，因為這一世的我，就是過去世的來世或下一世，這一世的受報是「欲知前世因，今生受者是」。同理，今世種下好因或惡因，下一世也一定會知道，因為「欲知來世果，今生做者是」。這就是正信與智信的佛法。

一百七十九

問：如何才能避免因「無常觀」而變成「杞人憂天」或「心生惶恐」，常常唯恐下一秒鐘的無常？

答：人生有兩件事情擋不住：一是時間，一是無常。「人生無常」是要我們去積極體認並做好準備，叫做「居安思危」，也就是「危機意識」，佛法上稱之為「無常觀」。孔子說：「人無遠慮，必有近憂」也是一樣的道理。我們也不必因世事無常難料而消極懈怠或心生恐懼，這樣就與正信佛法背道而馳了。恐懼是來自無知，無知不是沒常識或沒知識，而是對未來的狀況不了解或沒做好準備，就如我們明知有考試，卻不去準備好功課，如此一到考試自然是心生恐懼。體認無常之後，還要積極去做無常來臨前的準備，做慈濟走入人群去利益眾生為人群造福，就是預植來世福，這就是在做準備。雖付出無所求，但過程中的「以福轉業」就是因緣果報的真理，它會令我們以善消惡，以大福報轉大業力。該做的都做了，即使還碰到無常或逆境，我們也才會無怨無悔，因為我們會提起正念，知道這已是重業輕報，如果沒有做那會更甚於此，所以還是要心存感恩。行善造福該做的都做了，還有無常業障的果報，這更是「前世因」，唯有警惕自己，隨緣消舊業、莫再造新殃，這樣才是正信正念。

一百八十

問：不是說「付出無所求」嗎？那麼回向是否也是一種有所求？

答：是否有所求，端看自己的心念。以平常心及恭敬心虔誠助念或念佛，則有否迴向均無不可。正信的佛法是，靠別人念，不如自己家人念；靠自己家人念，不如自己念，自己念不如自己做。自己念是自己得，自己做也是自己得，這樣就是自我回向。各人吃飯各人飽；自耕福田，自得福緣；公修公得，婆修婆得，這些都是明示我們不是靠別人的回向，而是要靠自己活著的時候親手遍布施，這也是一種自我回向，這樣才是正信的佛法。如果未念之前，即已心存要回向他人之念頭，則難免落入有所求之心態。而自己做是自己得，更不可能回向給他人。

一百八十一

問：作為一個佛教團體，慈濟有提倡「修行」嗎？還是較注重「行菩薩道」？

答：慈濟法門是以「慈濟宗門」與「靜思法脈」做為一條雙軌並行的真實之道。「慈濟宗門」是人間路，強調須走入人群去兼利眾生，所以是「為眾生」，此為「悲門」。「靜思法脈」是菩提道，強調須深入經藏去增長智慧，所以是「為佛教」，此為「智門」。上人說，人間路還須銜接菩提道，這樣才是一邊做著凡夫的事情，一邊邁向聖者的境界，這就是藉俗事顯真理，謂之「聖俗合一」，目標是邁向「超凡入聖」。悲智二門如火車之雙軌，也如人之雙足，不但是相輔相成，且是並駕齊驅、不落兩邊也不偏不倚，依中道而行，此謂之「中道實相」。既然福慧雙修是中庸之道，答：慈濟人的道場不是在佛堂裡，而是在人群中、在日常生活中，同時更在心中，而且強調「無處不道場，無人不是法」。慈濟的修行法門是秉承《法華經》的教義而走入人群行菩薩道。既然入人群，就須透過理事圓融去結好人緣，謂之「未成佛前先結好人緣」，這是佛弟子們修佛的首要依止，這中間的「入人群」是行菩薩道的先決條件。《無量義經》有云：「無量法門，悉現在前。」這個「前」指的就是人群。意思是說，雖然法門無量誓願學，而學也有所成，這時候還要再將所學印證在人群中。所以，如無入人群，則無量的法門要如何悉現？這樣的道理實是令人心悅誠服、滿心歡喜。佛陀用四十二年的時間說妙施權講小乘方便法，最後七年開始講菩薩道一乘真實法，就是要弟子們開始「捨小取大」，由小乘的獨修自覺走入大乘的自利利他，透過走入人群，覺悟在宇宙，成佛在人間，這才是佛陀真正的本懷。所以，要成就人格就要在人群中先懂得人跟人之間相處的基本道理，一旦待人處事的「人理」通了，本分事也做好了，這就是《論語》所說的「君子務本，本立而道生」，這樣才有可能印證道理與佛理，也才有可能「超越人性而接近佛性」。既然學佛了，就是要發願成佛，否則學佛又是為哪樁？懂了成佛在人間，就須在人群中警惕自己「法脈入心，宗門入行」，一旦「法入心，法入行」，那就是心行平等、覺行圓滿，這就是修練慈濟一乘真實法要精進邁向的真實之道。

一百八十三

問：遇到一個沒有品格的人，但工作上還要接觸他，要以何心態應對？

答：別人沒品格那是別人的事情，自己要不要有品格則是對自己的要求。看到別人沒品格，會不受人歡迎，我們就要拿他來警惕自己，拿他的境界來修練自己的心，這樣能藉事練心、藉境修心，他就是我們的老師，我們還是要感恩他，但是沒品格的部分就不能學他，這就是分別智，也是一種「自覺」。能做到獨覺或自覺還只是小乘法，既然工作上還須接觸他，這表示彼此還是有緣，既然有緣，我們就隨緣應機，以權巧方便去度化他，做他生命中的貴人，他如果被我們善巧導正，對我們來說就是「覺他」。能「自度度他」也能「自覺覺他」這才是入大乘佛法的境界。

一百八十四

問：上人說：「做中覺，覺中做。」雖然覺和做都不簡單，但只要是有所行動，即使是做錯了，也是做，那這樣要如何去覺呢？

答：會「做中覺」的人比較有「自覺」及「自省」的能力，這樣的人也比較會反觀自照、自我檢討，也比較會感受很清楚、感覺很敏銳。做對了或做得好，仍要覺悟「學然後知不足」及「學如逆水行舟，不進則退」，並學習謙卑縮小，繼續在「對」的方向中加速精進。做錯了，更要覺悟「人不怕犯錯，只怕不改過」，在「錯」的亂境中學習顏回的「不貳過」。不論是做對或做錯，只要做過之後，能時時自我覺察、自我觀照，並自我調整，也能心存感恩，然後事過即放，一切往前看，這就是「覺」的工夫了。

一百八十五

問：在志工分享中，我常聽人說，爭來的或求來的都是假的，修來的才是真的，這句話是給人什麼啟示？

答：「爭」有政爭、鬥爭、抗爭、競爭等等，既有所爭，必是有所求，而爭的過程中很容易造成意氣，一旦意氣用事、義憤填膺而傷了和氣或造成衝突與對立，這樣即使爭到了，最終也是贏了戰爭，失去和平。孔子說：「君子矜而不爭，群而不黨。」要做到一個君子，必須矜而不爭。即使要爭也是要爭千秋萬世，而非爭一時一刻。「求」也是一樣，心中沒有的福報或財庫，即使去偷去搶，最後也不會是你的，這叫做「命中注定」，也叫做「定數」。古人求「沒世之名」，即人死後之名；今人求「現世之名」，即在世時之名。一個人真想求名，只有一途——對人群社會無所求的付出與貢獻，即使如此，求的還是天下名。無所求就有所得，有所求就無所得，叫做「真空妙有，妙有真空。」心中有所求就會有求不得之苦，而已經擁有的又害怕失去，所以才說幸福快樂跟有與沒有無關，而是跟我們的有否執著或有否正念是息息相關。無求才能無欲，無欲就能無煩惱。「爭」是指形於外的暫時獲得，「修」是指修於內的因緣果報，意即修善因得善果，造惡因得惡果。因此，「爭來的」是一時的，「修來的」才是永久的。有修就是要有做，要做就要入人群，有實踐才會體悟深刻，這樣才是修而有證，也才是信、解、行、證的圓滿過程。簡單講，「做」就是見苦知福，也就是以慈導悲；「修」就是福中修慧，以悲啟智。做來的就是來世福，修來的就是平等慧。來世福如能持續與累積，則累積足夠的福報時自然能以福轉業，令重業輕報、輕業化無，這種轉化的現象佛家稱為「變數」。定數是我們被命運掌握，變數是我們操縱自己的命運，叫做「智者運命，愚者命運」，這就是正信人生的啟示。

一百八十六

問：如何做到表裡一致？很多時候，我們雖然懂得道理，也知道佛法，但如何才能落實在日常生活中？所謂講容易，做很難。

答：講容易、做很難，這是「知易行難」。《法華經》精神層次很高，是甚深微妙法，一般人不容易理解，但上人帶領慈濟人走入人群去身體力行，等同於「現代《法華經》」，也就是慈濟人慈濟事，這樣聽起來似乎是「知難行易」。所以，到底是難還是易？其實是非難非易，蓋因「有心就不難，無心就不易」。「表」是指外表，以修行的角度來解釋，意思是外表行善，也是指身善與口善。「裡」是指內在，也就是指心存善念的意思，謂之「意業」。表裡一致便是內外一統，意指外在的身業與口業，還要加上內在的「意業」，如此才是身、口、意三業清淨。其實，身善與口善只是浮出水面上三分之一的冰山而已，在水面下三分之二看不到的冰山才是意業，可見意業別人雖不易看到，但卻是影響言行造作的關鍵所在。慈濟法門不是將經文拿來用嘴巴宣講或唱誦，而是將經中義理用手做出來、用腳走出去，了解經中義理之後，再深入人群、付諸行動，謂之「依經入道，以解導行」，這是慈濟菩薩道一乘實法的精神。實踐的過程中，難免會碰到逆境、困難、障礙、挫折等等的考驗，所以才要邊做邊學習，邊走邊整隊，一邊付諸行動，一邊調整行動的方向與方法，這就是「做中學，學中做；做中覺，覺中悟」。其中的「做」就是「入宗門」；「學」就是「知法脈」。上人叮嚀慈濟人不要只入宗門而不知法脈，就是避免身體雖精進但心念上卻走入偏門，這樣還是無法度。要將正信佛法落實在日常生活中之方法無他，只要保持慈濟宗門與靜思法脈齊頭並進，日積月累工夫自然見效。

一百八十七

問：有一些志工，喜歡做好事，但卻不愛聞佛法。也有一些志工，喜歡參加各項慈濟活動，卻不愛薰法香，這會有什麼影響？

答：喜歡做好事或參加活動，卻不愛聞佛法、薰法香，這是「只入善門，不入佛門」。這會造成慈悲有餘、智慧不足，以慈濟法門來解析，就是「宗門有餘，法脈不足」。孔子說：「知之者不如好之者，好之者不如樂之者。」意思是說，知道這個道理不如對這個道理有興趣，對這個道理有興趣不如將此道理拿來實踐，並從實踐中獲得喜悅。同樣的道理，已經在做好事了，做過之後再繼續聞佛法，這就是「做中學」。能夠「做中學」再「學中做」，讓了解與行動兩者相互印證，日積月累，終有一天會令我們「做中覺，覺中悟」，這樣就是「知行合一」。「做」就是行於外，也就是做好事；「覺」就是修於內，也就是聞佛法。聽法雖不是有聽就會懂，但未經漸修，何來頓悟？所以，學習過程中的時時「溫故知新」及「舊法新知」也是很值得我們去體會的學佛要領。其中的「溫故」及「舊法」就是「昔權」，也就是過去的妙權誘引，這是小乘的階段；「知新」及「新知」就是「今實」，也就是現今的直入人心，這是大乘的階段。妙權誘引與直入人心兩者互相銜接就是「昔權今實」，也就是由過去的方便走入現在的真實。投入宗門的各項活動要有其法源，而「靜思晨語」跟「人間菩提」就是一乘法的「法源」。做好事是慈濟宗門，薰法香是靜思法脈，兩者相輔相成才是福慧兩足尊。

一百八十八

問：人人都有理想與夢想，若不追求、不執著，如此「學習放下」，會不會造成「心態消極」？

答：理想與夢想不是靠追求，而是靠實踐。佛法的正思惟是學習佛陀的慈悲與智慧，是學佛而不是求佛。不是求功德、求健康、求智慧，甚至求子求孫，這是外求，即是外道。有求就會有患得患失之苦，追求就已經有求不得之苦了，再加上執著，這樣更是苦上加苦而無有出期。不是一味地追求或凡事執著就會讓生活積極，也不是看開放下過後心態就會消極，這是兩碼子事。個性積極的人充滿活力與精進，人生觀會比較正向樂觀；心態消極的人較缺乏正念與進取，容易悲觀，更不可能把事情看開或放下。追求理想或夢想，那是人生的憧憬與抱負，不能說不重要，但這只是世間法，是尚未學佛者的說詞，對已學佛者而言則是「發心立願」，這是出世的精神。對一般人來講，理想與夢想是靠追求與實現，但對學佛者來講，發心立願則是靠真「情」與虔「誠」去體現，這是一種恭敬的態度，蓋因法須在恭敬中求。這必須能做到一邊放下物慾，一邊提升性靈，這中間的提起與放下皆是積極的作為，是出世的態度。當求不得時，我們就要學習看開放下，甚至都不能有求的心念存在，如此心離境才不會被欲望糾纏與羈絆。學習放下是積極正向的心念，不是消極悲觀的心態，此有如「無常觀」一樣，不是讓我們消極、懈怠、恐懼或感覺人生無望，而是讓我們積極地去體認、學習與準備。

一百八十九

問：佛法常說要放下，要怎樣才做得到呢？

答：什麼是佛法？用四個字解釋就是「看開放下」，用兩個字來講就是「布施」，用一個字來代表就是「捨」。聽起來簡單，做起來不易。人就是常常會看不開、放不下，才會有憂悲苦惱。然而，要馬上看開或放下也不是一蹴可幾，這要經過正信佛法的薰陶、洗禮與修練，而且還要循序漸進與日積月累，才能看到成效。放下是一種正念，雖說轉個念頭幾秒鐘，但要做足準備卻要幾年工。就因為聞正法與遇明師不容易，所以才要趕快把握因緣走入解脫之道。放下也是一種解脫與捨離，要學習放下，可從最簡單的捐錢、捐血、捐物質、捐時間、捐體力，甚至布施愛語去膚慰孤寂的人心。由小捨慢慢到大捨，加上也懂得發心立願，如此就有大願力捐財產、捐器官、捐骨髓、捐大體等等，這些都是「捨離」的觀念。一旦養成「捨」的習慣之後，自然而然我們就能繼續捨我執、捨我見、捨煩惱、捨無明，甚至捨痛苦等等，希望最後也能逐漸捨習氣。主動放下與被動放下，雖都是放下，但前者是智慧，後者是無奈。一旦「能捨諸難捨」，那就是看開放下的自在人生了。

一百九十

問：通常禮佛是男眾在前，女眾在後。我覺得要整體美，應該女眾在前，男眾在後，因為女生比較可愛，男生比較莊嚴，這樣不是更整體美嗎？

答：佛陀成道後十四年，佛陀的姨母等五百多位女子要求出家，當時佛陀擔心出身皇宮的姨母，在僧團中會產生貢高我慢的心理，以及擔心正法流傳會因女眾而減短年數，因此予以拒絕。後來經過阿難尊者三次求情，佛陀終於答應，因此制定了「八敬法」，要女眾們遵守。其中之一的約束即為：法會時，男眾在前，女眾在後。但現在時空不同，現今佛寺裡多採行男女眾分東西班而坐，而非男眾在前，女眾在後。在慈濟的助念隊伍中，也出現男眾慈誠之後是女眾委員，而女眾委員之後再排男眾藍天白雲志工，這是非前非後的眾生平等之故，如此才是入不二法門。其實，大乘佛法的基本原理就是「不二法門」，「不二」就是「沒有兩樣」，也是「唯一」。有分別就會有差別，既然不分別，就不會將一分為二，因為只要不妄心分別，則如圓形跑道，看似瞻之在前，忽焉在後，實則非前非後。

一百九十一

問：有些佛友說我們慈濟是在修福，因為我們都不注重念經、拜懺、坐禪。如何看此見解？

答：學佛是要學習佛陀的慈悲與智慧，這須透過力行與實踐才能有所體悟，以慈濟的法門來講，宗門與法脈的相輔相成、交叉運用，就是福慧雙修。念佛誦經並不是要念給佛聽，而是念給自己聽，是要聲聲喚醒主人翁，主人翁就是我們的真心跟自性。如果說要念給佛聽也可以，是念給哪一尊佛聽？就是自己心中的自性佛。佛經不是只拿來用嘴巴唱誦或宣講，或用做學問的心態把它拿來鑽研，這樣的話就變成一門學問與知識而已。用嘴巴念或用耳朵聽很容易忘記，用手去做、用腳去走，用心去覺，才能在實踐的過程中體悟佛法的真理大綱，此謂之「解行相應，理事相通」，其中的「理」就是指靜思法脈；「事」就是指慈濟宗門，兩者同步運行，就是以人間事顯天下理之意。念佛誦經是問路，行經是走路，要走才會抵達目標，在身體力行的過程中，深入苦難、聞聲救苦雖是修福，但因見苦知福之後也不忘深入經藏每天薰法香，這樣就是福中修慧。見苦知福是「法不離行」，意即宗門；福中修慧則是「佛不離心」，意即法脈。入宗門也知法脈，修於內也行於外，這就是「開三乘之權，顯一乘之實」，也就是「三乘及二乘，皆入一佛乘」，雖然表面上是做著凡夫的事情，實則朝向聖者的境界邁進，「聖俗合一」就是指此境界，一佛乘的微妙之處即在此。念佛、誦經、拜懺、持咒、閉關等等雖也是修持戒定慧的法門，但如磨練與考驗，並從中壯大自己的心智，所以沒有不成功的。其實，隨分隨力是幾十年前上人為讓志工們排除非做不可的心理壓力而權巧用法，希望進來做慈濟沒有心理罣礙。現在是壞劫時期，正法式微，天災人禍頻仍，大三災小三災不斷，加上社會紛亂、是非混淆，人人再不趕快修練正法會來不及，所以加強用法的力道為「盡心盡力」。意即不能只是隨自己的方便或喜歡就好，而是不但承擔工作也能承擔責任，這個責任就是「使命必達」，不達目標絕不停止。

在團體中，我們稱隨興隨喜的志工叫做「快樂志工」，意即高興的時候來做一下，做的時候也是高興一下，但是沒做完也就放著不管它了，而不快樂的時候後更不會來。一般說來，快樂志工自認為的快樂都是高興就來，不高興就不來，因為缺乏精進與負責任的心態，以至於道業與心智成長緩慢，因此碰到一點挫折或不如意就停滯不前，甚至怨天尤人、充滿抱怨。這樣的人因入法不足，更害怕被別人傷害而畏首畏尾、不敢承擔，所學佛才能有所成就，也才能與師父以心印心、以心傳法，法脈能如此有效傳承，則自然就會「有法度」。反之，信而無根如浮萍，則三心兩意不定性，目標飄移不專精，這樣就「無法度」。心中有無明或煩惱，那是因為有妄想與執著，所以不能證得。學習放下知見及去除我見可以「去妄破執」、「捨妄歸真」，做得到就是在淺嘗涅槃的滋味。此外，貪、瞋、昏沉、掉舉、疑也是造成煩惱的五個敵人，這五個敵人如不想辦法有效去對治，後遺症就是無明與煩惱。所以，學佛第一步要學習看得開放得下，先學習「捨」，從小捨做起，慢慢大捨，一旦能捨諸難捨，則自然有能力捨無明、捨煩惱，甚至捨痛苦。然而，再怎麼會捨，習氣還是最難捨，蓋因眾生習氣剛強難調，所以才說習氣是煩惱的殘渣，這個我們要有深切體認。學佛沒有速成班，更不是一蹴可幾，須日積月累、循序漸進，假以時日自然能看到進步。

一百九十四

問：學佛常教我們要學習簡單，但與人相處卻是如此複雜，處此環境時要如何學習簡單？

答：「簡單」不是指頭腦的單純，或愚昧無知，而是指心念的清淨及目標的專注。簡單才是美，想生活簡單或心念單純，就要做平凡的人。「做平凡的人」不是「什麼事都不做」，也不是「生活懵懵懂懂、庸庸碌碌」，而是「多做少說，不希求回報、不炫耀自己」。心念單純的人，較容易啟發身心及情緒的潛能，這樣的人也比較容易以心轉境，換句話說，就比較有赤子之心而菩薩遊戲人間，甚或談笑用兵。而目標單純的人則容易專注，專注則有力量，也由於目標專注，因此通往目標過程所遭遇的困難與挫折，也都變得微不足道，此乃你強它就弱、你弱它就強；你理它，它就會影響你，你不理它，它對你產生不了作用，謂之「心地法門」。環境及人事本身不會自己複雜，會複雜的是我們自己的心念，因此才說：當環境或人事複雜時，最好的對治方法就是先讓自己保持單純，「萬法唯心造」即指此境界。心寬念純的人容易培養定境，定境愈深的人則離境的能力就愈強，這樣的人比較不會與順逆境界沾染，所以處順逆境界皆能隨境而安，甚至有能力妙用境界而轉境與轉念，此為不順不逆、不垢不淨、不生不滅的「不二法門」，也是菩薩道一乘實法的至理不二，值得我們深入體會。

一百九十五

問：行菩薩道要如何才能提振精進心？

答：習慣忙碌的人，忙碌對他來說只是一種生活習慣，他自己不會有忙碌的感覺。相反的，一個做事不積極，習慣悠閒過日子的人，要他多承擔一點事就會感覺很忙碌，因為他習慣悠閒不習慣忙碌。同理，要提振精進心也是用法之妙存乎一心，就是讓精進成為一種生活習慣，久而久之就會不習慣懈怠，這也是一種習慣的養成。所以，能提振精進心就能有效對治懈怠，甚至可以對治遭受屈辱。六度波羅蜜中精進排在忍辱之後，就是提醒我們，一旦遭受羞辱或凌遲，更要加速精進，這樣才能愈早脫離險境，這也是一種逆向操作的妙法。養成薰法香的習慣會造就早起早睡規律的生活作息，這是對修定有很大的裨益，否則就是生活在亂境之中，造成心境與亂境牽扯不完，這樣就與修定背道而馳，所以精進薰法香也是權中有實的微妙之法。讓自己忙得有方向、有目標、有重點，並且身忙心不忙、身累心不累，這也是提振精進心的方便法門，這就是從忙碌的方便法中探求精進的真實之道。

一百九十六

問：菩薩道上如何才能不退轉？

答：壹、發心如初，就不會退轉。因為，初發心最真誠、最清淨、最柔軟、最有力，所以學佛要先學習守住最初一念心。上人說：「只靠緣而做慈濟，很容易緣盡法散，要靠發心立願。」蓋因發心如初，則成佛有餘，成佛都有餘了，怎麼會退轉？

貳、心中入法，就不會退轉。因為，學佛是依法不依人，是以法為師，以法為依歸，是自皈依，不是他皈依，概念清楚了，目標很明確也很專注，如此法在心中就什麼事都做得了主，也就不會有退轉的空間。

參、做得歡喜，就不會退轉。因為，心中有喜悅就代表心是清淨，心地清淨就自然會有喜悅，相反的，心地不清淨就會做得不歡喜。所以，喜悅跟清淨是相輔相成，並互為因果。心地清淨也做得歡喜的人，在通往目標過程中會快慢自如，但不會停下來或退下來，只有做得不歡喜或不知為何辛苦為何忙，忙到失去方向、失去目標、失去重點的人才會停退。

肆、精進不懈，就不會退轉。「精」是不雜；「進」是不退，如能再加上「清淨中精進」、「忍辱中精進」、「持戒中精進」，如此即為「正精進」。都已經在精勤不懈往前邁進了，自然就不會有停退的空間。此乃《無量義經．十功德品》中所說的「生懈怠者起精進心」的境界。所以，精進心也是對治懈怠及停退的方便妙法。總而言之，停退者必會對其退轉之事有看似合理之理由，表面上看來是外境影響，實則「物必自腐，而後蟲生」。追根究柢都是自心的問題。

一百九十七

問：為何上人在開示中經常會強調修行要走入人群？

答：上人曾慈示：「《法華經》最珍貴的地方是，它告訴我們再怎麼修行還是會差那一段，就是菩薩道。」此乃每一尊佛都要經過菩薩道的菩薩行之故，所以菩薩道的盡頭就是成佛。行菩薩道就要走入人群，現在是末法時期，也是五濁惡世，五濁惡世裡的人群中濁氣很重，就如汙泥一般，但蓮花就是需要這樣的汙泥，才能開出清淨的花朵。同理，要成佛也是需要在如汙泥般的人群中。佛法講因緣，要廣結善緣就須入人群，慈濟八大法印的每一個腳印皆是與眾生結好緣，這是「下化」，也是「覺他」。只下化不夠，還須「上求」，目的是要透過入經藏去印證諸佛妙理，這是「內修」，也是「自覺」，「覺行圓滿」即為成佛的利基。要在人群中化度眾生，就必須以悲門的慈濟宗門與智門的靜思法脈去權實並演，從恆順眾生根機的方便權教中，去隨緣應機、觀機逗教，最終探求到真實實教，這整個過程就叫做「開三乘之權，顯一乘之實」。然而「方便有多門，歸元無二路」，無二路就是人間路與菩提道相互銜接，雖以方便法誘引，然終歸真實之道。這樣的如來真實義必須深入人群才能得到印證。所以，離開人群就無福可造，也無法可修了。

一百九十八

問：請問為何我們一定要到社區道場薰法香才叫做聞法？如果每天早上五點半

在家裡聽《靜思晨語》不也是薰法香嗎？

答：以時間來講，薰法香是在清晨時刻，一日之計在於晨，那是因為清晨空氣清新、頭腦清醒、思緒清晰，在這樣的情境下聞法，容易心無旁騖而體會深刻。以地點來講，道場具有道氣，尤其聽法者眾，這自有家庭無法比擬的道場情境。家裡瑣事多薰法效果不佳，然而若真是無法去社區道場，則在自家看大愛臺上人開示，至少是好過不聞法。另外，早起薰法香也是一種改變我們原本不甚規律的生活作息的方便法，一旦習慣早睡早起聞法，久了就會不習慣晚睡晚起或晚睡早起的不良作息。不正常或不規律的生活作息這原本就是處在一種亂的情境，這樣要修正定是很困難的。此外，每天早晨四點多起床，我們一天時間是多出半天可多加利用，這無形中也是一種延壽。雖不一定增加生命的長度，但卻扎扎實實增加生命的寬度與深度，這樣的「為實施權」也是一種薰法香的微妙之處。

一百九十九

問：我們是海外的志工，我們可以在下午時間與臺灣同步連線薰法香，聽上人的《靜思晨語》開示，但卻要求我們延到隔天早上五點多的時段，觀看已遲一天的上人開示錄影帶。請問這是什麼考量？

答：雖然跟臺灣本會是同步連線晨語開示，但因屬下午時段，雜事多，其效果不如早晨的清淨、清新與清晰，此乃一日之計在於晨之故。此外，早睡早起是良好又規律的生活作息，這是修定的基礎，與修定是息息相關。生活作息不規律，這本身就是處在一種亂的情境裡，這與修定是背道而馳。所以，這也是上人教化弟子的「隱實施權」及「開權顯實」，也是上人教育慈濟人的用心良苦之處。

二百

問：我每天都有在薰法香，也勤作筆記，自認入法有收穫，但常常在活動中還是會有不圓滿與不圓融之處，造成個人與團隊之間難免有嫌隙產生，事後自我反省都會感覺很愧疚，這是什麼原因？

答：上人曾開示：「修行者了解要盡量斷煩惱、去欲念，這都可以做得到，但要除習氣卻很難除，為什麼？因為『不解法中之妙』，雖然法聽了，但法中之妙難解，所以『如聾若啞』，依然無法體悟法妙的境界，心中還是一樣有煩惱，原因就差在這點。因為不解一乘法的法中之妙，所以法要怎樣入心？要怎樣開口說法？甚至不了解要提問都不知如何問起。」所以，上人說：「講經的人是『說者諄諄』，但聽法的人是『聽者藐藐』。」講的人是已經是盡心在講，聽的人卻是有限量的接受。」這段開示直指人心。雖然自認薰法有所體會，但可能有聞法，卻尚未體悟法妙之境界，也就是知其一不知其二，或知其然但不知其所以然，追根究柢這跟每一個人的根機利鈍有關。大機受大法，小機受小法，就如大樹與小草所吸收之水量是各自不同，然而不分高下，殊途同歸，歸元無二路，其道理是一樣。只有法入心還不夠，還須法入行，入心與入行能知行合一，也才是上面上人所講的「法妙之境界」，此乃教法與行證兼具。總而言之，不是自己沒有進步，而是進步還不夠快速；不是優點沒有增加，而是習氣依然存在。

二百零一

問：有些師兄姊自己有薰法香，也很積極鼓勵他人參與，但面對不順境界時，自己卻聲色很不柔和，那要如何鼓勵他人？

答：我們要善解，還好有薰法香，否則會更嚴重。有薰法香就會有「法入心」，但碰到境界來時卻用不上，這樣就是沒有「法入行」，甚至學佛或做慈濟多年，碰到一點不順心便動不動想停退，這樣也屬於沒有法入行。所以，「法入心，法入行」是菩提大道的雙軌，要雙軌並行、相輔相成，如此才是心行平等、心行一體。聞法的最高價值在於所聞之法能與生活全然結合，並在逆境時能產生妙用，這樣才是佛法生活化。所聞之法若不能用在當下，或不能用在人生的關鍵時刻，這樣所學之法就失去它的價值。法入心是內修，法入行是外行，內修與外行兩者兼具才會是甚深微妙法，才是如來真實義，這就是實學實用的一乘真實法。很會薰法香，但聲色不柔和，這樣入心有餘、入行不足，如此身教不足還是很難去教化別人。

二百零二

問：每個人都有薰法香的因緣，但有些人沒有去同理別人所面對的困難，語氣還帶有不尊重。例如：她問某位志工為何沒來薰法香，志工解釋因為那段時間必須送孩子上學，這位問的人竟然說，那妳老公是要來做什麼？

答：個性耿直是好事，因為直心是道場，但如變成心直口快、直言直語，或說話尖酸刻薄、伶牙俐嘴就不會是好事。所以，《靜思語》才說：「心好但嘴巴脾氣不好，也不能算好人。」雖有豆腐心，但卻刀子嘴，這樣別人尚未被我們度化之前，已先被我們犀利的言詞所傷害，造成未蒙其利先受其害，這也是一種不幸。每個人都會說話，但不是每個人都會說雅言正語，心存正念的人，才有可能口說雅言正語，這個需要經過長期不斷地練習，才能讓說出來的話有智慧又圓融。一句話可以讓人笑，也可以讓人跳，一句話說得不得體有時更會讓人氣死掉。古德有云：「話出如箭，不得亂發，一入人耳，有力難拔。」《靜思語》也說：「不懂得機智的問答，也不懂得適時保持沉默，那是一種不幸。」所以，說話不要急著脫口而出，或口無遮攔，要學習先靜、後思、再語。

其他篇

二百零三

問：怎樣與家人及朋友分享慈濟？

答：自己要先做到法喜充滿，才能與人法喜分享；自己要先有薰法香，才能對外說法傳法；自己的心智要先有成長，才有可能與人分享成長的喜悅。同理，心中有愛，才能對外送愛，所以要唱「讓愛傳出去」之前，要先唱另外一首，叫做「把愛找回來」。反之，自己還在煩惱滿心，如何跟人談消除煩惱；自己還在人云亦云、盲從附和，如何向人宣導正知正見；自己還事事妄想執著，想不開、放不下，如何去教化別人看開放下。以上所言，均是提醒凡事要從自己本身去實踐與改變做起，正人先正己，要先自立才能立人。然而，有些事則隨時可與家人分享，例如自己參與訪貧之後，可與家人分享黑暗角落的感人個案；自己參與國際救災之後，可與親朋好友分享慈濟救災的點滴理念與智慧；聽過上人與眾開示的全球志業最新動態，也可與家人朋友分享這種慈濟新知。家人耳濡目染過後，我們再用心創造因緣，邀請親朋好友參與慈濟的社區活動，由近至遠、循序漸進地陪伴家人走進大愛的行列，乃至全家都是會員、志工，甚至受證委員，這樣我們就成為全家的貴人，而整個家庭就成為積善之家。總而言之，終究還是要投入人群中去藉事練心，透過內修外行去提升自己，學習做好本分事，日積月累而改變自己的習氣與脾氣，做到有法喜與體會，同時也具足正信與正念，此時身教已成，人家自然喜歡聽我們的分享，我們講出去的話別人也才聽得進去而從中受益，這樣就是自度度人、自覺覺他。

二百零四

問：為什麼我很難把家人及親人帶進慈濟？可是他們又很認同慈濟。

答：他們認同慈濟是因為了解慈濟，沒進慈濟可能是因我們改變得還不足，所以度人法力尚不足。如果前述兩項皆不是，則屬因緣未成熟，須沉住氣，耐心等待因緣。「沉得住氣，耐力變定力；沉不住氣，前功會盡棄。」

二百零五

問：應如何帶動助念？

答：助念的意義在於讓生者心安、亡者靈安，而非為求多少功德而念。其實，生前很會念都還不一定可以往生，何況是死後靠別人念。靠別人念不如自己家人念，靠自己家人念不如自己念，自己念不如自己做，這是慈濟正信法門的理念。「助念團」成立不須大費周章，只要隊伍整齊莊嚴，彼此起一分恭敬心，誠心為亡者助念，並讓現場氣氛莊嚴祥和即可。

二百零六

問：對於癌症末期病患應給予怎樣關懷？

答：如果病患是有宗教信仰之人，就會知道平日所學，要用在此重要時刻，以其宗教力量安住患病之身心。如果病患沒有宗教信仰，在身心脆弱又逢自力不足之際，會期待有外力給予祝福與膚慰，而最好的膚慰就是用心陪伴與耐心傾聽。其實，我們平日的慣性思考會形成一種念頭習慣，而這樣的思考習慣，在臨終之際會產生決定性的影響，所以正念的思考習慣，平日就要培養。平常是容易看開放下的人，臨終之際也會看開放下；平常是心存正念的人，臨終之際自然是心無貪念、意不顛倒。相反的，平常是懵懵懂懂、渾渾噩噩的人，臨終之際自然是心生怖畏與恐懼，要去哪裡更由不得自己。關懷病患如能做到發自內心的「情」與「誠」，則有時候最好的膚慰是無聲勝有聲，如能隨緣應機給予正念的提振，則更會是患者心靈最需要的無形力量，患者即使無法開口，也都能刻骨銘心、感念在心，這是臨命終時最重要的安住力量。安慰或鼓勵的話人人會說，諸如要人家看開放下，要人家了解老、病、死與因緣果報之自然法則，或勸導人家要以苦為師、以病為師等等激勵的話，說來容易，但並非人人聽得進，須視機緣與對象而說。其實，不要說要在別人臨終之際去開導別人，自己處此境地是否就能看開、放下及坦然接受，這也是須自己捫心自問，這就是修行過程中，需要自我修練的功課。自己做不到卻要去開導別人，這樣是沒有說服力的。

二百零七

問：如果家庭不很祥和，要如何面對、如何解決？

答：家庭要祥和，則家庭裡的每一個人都須「心存好意」及「心存正念」。無論碰到任何境界都能生起一念無所住之心，及生起一念感恩的心，這就是生活的智慧。一個人如果心存感恩與善意，那就是生活在吉祥的情境裡；相反的，如果一個人是心存惡意與埋怨，那就是生活在仇恨與痛苦的情境裡。要每一個人都心存善意與感恩，有時會碰到困難，也是不容易，不過可以從自己本身先做起。一個好的模範或身教，會讓周遭的人耳濡目染受到教化與影響，這就是無聲說法，也是一種不言之教，時間一久，要家庭祥和會自然見效。

二百零八

問：我的父親不知為何，老是對我們幾個子女不滿，天天說別家女兒好，誰家的孩子會賺錢，抱怨我們不比別家的孩子好。他每天好不開心，我們要怎樣才能令他開心滿意？

答：人如果有比較的心，就會有「比上不足」的煩惱與痛苦，所以說如果一定要比，就要「物質往下比，精神往上比」，意即降低物質、提升精神。心智與精神提升的人才能入實智而見實相，如此才能以清淨心去看清事相。要善解父親看到別人家好，那是看別人順眼，是自己修養好。但是，如果拿別人家的優點來貶低自己，反而妄自菲薄看不起自己，或看自己家人不順眼，那是自信不足及觀念走入偏門，如此不但讓自己辛苦，也讓家庭的和樂蒙上陰影。人生不滿足有時並非是不足，而是不知足，父親因這樣的心態而致心情不開朗，做子女的還是要給予體諒與善解。善解父親未有好因緣去碰到善知識給予智慧的開導。父親年紀大了，要他改比較困難，可嘗試從身為子女的我們先改。你有「讓父親開心滿意」的心念，那是一片孝心與慈悲。「體諒」父親沒能像我們有福報念大學，能受高深的教育，讓我們人生的視野更寬廣。「善解」父親望子成龍、望女成鳳的殷切期望，因為他希望他辛苦養育的子女能出人頭地，這是天下父母心，將來我們也會是孩子的父母，懂得這樣想才是同理心。如果，將這種體諒父親與善解父親的心念，化為對父親無怨無悔的關懷與陪伴，這就是一股身教的無形力量。日久見真心，有一天父親會知足與感恩地說：「我生命中的貴人是我的女兒。」

二百零九

問：在人生道路上，碰到傷害或挫折，應該如何面對？

答：有一句《靜思語》：「碰到困難是能力不足，碰到煩惱是方法不對。」能力不足與方法不對都是自己本身的問題，與傷害我們的人或讓我們挫折的人無關。以佛法的角度來解析，傷害與挫折也是自性的顯現與反應。有傷害的感受，又有傷害的反應，就有傷害的顯現；有挫折的感受，又有挫折的反應，就有挫折的顯現。學佛就是要學習「將感受令其不生反應」，有傷害跟挫折的感受，但令其不生反應，這樣就不會有傷害跟挫折的顯現。痛苦也是一樣，將痛苦令其不生反應，這樣還是沒有痛苦，這些都是一種心地功夫。有時候，你認為這是痛苦，有人認為是痛快；你認為是辛苦，有人卻認為是幸福，是決定在你對這件事的想法跟看法，這與我們的思想及心念有關。凡夫有分別心，會執妄為真，所以才會有順逆、垢淨、生滅、甘苦、愛恨、進退、好惡、美醜、大小等等之分別，然而如果我們不妄心分別，則如《心經》所云：「不生不滅，不垢不淨，不增不減……」這是去妄歸真的不二法門，面對傷害跟挫折也是如此。人生最大的學習是被逆境狠狠的一擊，傷痛更是代表著軟弱正在離開我們的身體，勇敢堅強面對之後再回首當年，我們反而會更加感恩逆境與傷痛，所以成也這念心，敗也這念心。一個人如果身上不具備被傷害的條件，即使在別人看來是傷害，我們也不會有受傷的現象產生。所以平日要先自我訓練：提高免疫力、增強抵抗力。有免疫力的人心靈不容易受創傷，有抵抗力的人即使一旦受傷害，也能很快撫平傷口。面對挫折時，須自我警惕，可以蹲下去，但不可以倒下去。不經一番寒徹骨，哪來梅花撲鼻香，困難與挫折是達致成功之前的訓練課程，也是通往成功的必經之路，除此無其他捷徑。

二百一十

問：我很害怕做決定，總為自己的決定後悔，因為常以失敗收場，該怎麼辦？

答：決定之後總是後悔，明顯地這不是令自己滿意的決定，或所做的決定是事與願違，此時就須自我檢視、自我把脈，是否有無法自我控制的情緒？是否不經理智判斷就做出決策？有沒有剛愎自用的心態？有沒有冥頑不靈的個性？有沒有狹隘無情的心胸？以上這幾點都是影響決策品質的關鍵因素，尤其對決策者及領眾者更是重要。我們每一個人的每一天都在做大小不一的決定，小抉擇影響一天，大抉擇影響一生，所以才說：「人生是一連串的選擇，生命的經歷就是選擇的過程。」選擇的過程比選擇的結局重要，過程是「因」，結局是「果」，有慎始及慎思的過程，才會有胸有成竹的把握與結果。要讓自己做了決定後不後悔，就要：壹、凡事三思而後行，所謂再思可矣，千里之遙始於一步，這一步就是慎始。貳、在做決定之前，多虛心請教善知識，廣納雅言，所謂三個臭皮匠勝過一個諸葛亮。參、心情不好、情緒不穩的時候，不要做決策。人在身心散亂或心浮氣躁之際，容易意氣用事，謂之無明，在心不清、智不明之下往往決策品質不會很好。肆、如自認自己是用心、虛心在做決定，而結果還不是很好，則可能是經驗不足、時機不對、觀念錯誤或因緣不具足。若是這樣，就從失敗中去找尋成功的訣竅，從逆境或失敗的經驗中，找出正面的意義。失敗並不可怕，失敗所帶來的喜悅，也不亞於成功，重點是不要讓失敗成為一種習慣。「口袋空空」不能阻擋我們邁向成功的決心，但是「腦袋空空」卻會成為我們邁向成功的障礙。一文不明不能障礙我們的豪氣，只有錯誤的觀念才會讓我們陷入困境。所以，觀念很重要。

二百一十一

問：現實與理想如何做選擇？是不是最終還是得向現實低頭？

答：「現實」是要我們把握當下、活在當下、務實面對。「理想」是要我們規劃未來、憧憬未來、勾勒願景。理想是「大處著眼」；現實是「小處著手」。有前瞻性的未來，也要有腳踏實地的務實，所以兩者是相輔相成、互相鋪陳。無法面對現實，則無法活在當下；沒有勾勒理想，則人生缺少願景。與其消極地說「向現實低頭」，不如積極地說「不逃避現實」，能面對現實、面對問題及面對挑戰的人，才是心智成長的人。

二百一十二

問：靜思文化賣的書有點貴，有否考慮降低價錢？

答：靜思文化出版的書與其他出版社的書，售價是不相上下，如仍感覺會貴，就要買回去以後多讀、多看，讀它千遍不言倦，這樣這本書就是自動降低成本了。如果書中的一個故事或一個人的一句話打動了我們的心弦，也因此改變了我們的人生價值觀，則這本書可是改變我們一生最重要的一本書，此時這本書更是無價。書買回去如沒有用心看，買得再便宜也都算貴。

二百一十三

問：請問慈濟有沒有免費制服供給有志當志工的窮困者？

答：這須依個案情況個別處理。首先須了解窮困者的情況，若人窮志不窮，知足常樂且能安貧樂道，當然歡迎他來當志工。然而，如果該窮困者的志工需要別人給予紓困或援助，則慈濟可視情況依法親關懷的方式，或以個案方式進行了解，適時給予濟助。在此情形下，如仍要參與慈濟行善的工作，則可讓其穿志工背心。如要繼續發心接受見習甚至培訓，則須依培訓制度與規定參與社區的動靜態課程，圓滿結束後才能被推薦繼而受證委員。所以，委員旗袍是必須經過如此過程，經審核通過後才得自行請購，不是有錢就能花錢買得到。

二百一十四

問：人文精神應該怎樣發揚光大？如果家庭教育都包含了您所謂的人文精神，則大學內的人文教育能不能被取代？

答：上人說：「人文是付出後生命的精華、付出後生命的結晶，及付出後人格的昇華。」所以，人文也是「人格典範，文史留芳」，這樣的精神展現還是須以付出及實踐做後盾。付出的過程就是在無聲說法，這種不言之教日積月累才有可能成為生命的精華與結晶，所以人文是慈濟四大志業八大法印的軟體。如以學校或醫院來比喻，學校跟醫院是硬體，人文精神就是軟體，也是內涵。也可以說，儀器設備是硬體，良師與良醫就是軟體。同理，身體外在的的四肢五官如果是硬體，則內在的真如本性就是軟體。硬體容易軟體難，名醫易找良醫難求，這樣的思惟概念就是「人文思想」。人文思想還須透過人文情境的營造去發揚光大，這也是慈濟活動中的內涵與本質。俗語說：「外行看熱鬧，內行看門道。」活動就是熱鬧，活動中所散發的人文精神與人文氣息就是門道。慈濟四大八印每一個不同志業裡都有相同的法脈精神為其精髓，如此才能透過宗門的推動去散發出美善的訊息，而成為淨化人心的清流。其中的「人文」猶如「法譬如水」，水整合了鋼筋、水泥、磚塊、石子等等而成就高樓，但自己卻消失無形，這就是「真空妙有」及「妙有真空」的深邃境界。不同的慈濟志業卻都有相同的本質，此乃道一以貫之，此「道一」口語稱為人文，而其精髓則是靜思法脈。家庭教育裡如果已落實了這樣的人文精神，這是為家庭成員打下了生命教育的基礎，這會讓家人都有正確的生命價值觀及核心價值。但是，教育的觸角除了家庭之外，學校教育與社會教育依然扮演著相輔相成的重要角色，甚至醫院、廚房、街頭、災區等等有人群的地方都是學習、教育及修行的道場。所以，人文教育如果要落實在日常生活中，就必須家庭教育、學校教育及社會教育等三管其下，齊頭並進。沒有誰可以取代誰，每一個環節是環環相扣、節節相通，最後是殊途同歸，萬法歸一。

二百一十五

問：您主講「讓生命展翅高飛」，請問一些窮困的國家人民，他們又怎樣能讓生命展翅高飛？

答：以「讓生命展翅高飛」為講座主題，是要喚醒有福之人持續造福與積福，在積善之餘兼顧修慧。同時也警惕無福之人開始造福，以所造之福緣轉己之業障。如此，福慧雙修會令身心輕安，身心一旦輕安自在，就有如張開生命的翅膀一般，能自由自在輕盈地翱翔，一旦能飛得又高又遠，就能擴大視野，看得又寬又廣，看盡人生百態，學盡人生無窮的智慧。我們是有福之人，因為慶幸為人身，也有人間福報，才得以有機會親近正法與追隨明師。如果在窮困的國家，則講座主題就要改為「讓生命脫困而出」。

二百一十六

問：您說書讀得好不好，不是生命的全部，那為什麼大多數的老闆都是優先聘請高文憑的人？而文憑低的人在社會中，往往是處於低下階層。

答：不會讀書頂多是不能靠讀書吃飯，但還可以憑自己良好的品德及一技之長去過自己幸福快樂的人生。在現實的社會裡，大多數公司雖會從文憑去做初步的人才篩選，但這些公司的老闆卻不一定都是文憑很高的人，況且文憑也並不是篩選人才的唯一選項。不過，有較高文憑的人總是會有較多的機會與優勢，這也是為何慈濟在許多國家都有推動「新芽助學金計畫」，長期補助清寒學生的教育費用之故。因為，再怎麼窮都不能窮教育，教育是讓貧窮家庭脫困的釜底抽薪最根本的解決之道。然而，即便有了文憑，還是得經過工作中層層的磨練跟考驗，此時心智的提升、情緒的掌控、敏銳的觀察、處事的冷靜、與人緣的建立等等，這些都與文憑無關，就如智慧與學歷、年齡、財富都無關是一樣的道理，但是這些人格特質卻與在職場中的順逆與成敗是息息相關。只是很會讀書但不會做事，或是成績很好但人緣不好，或人緣雖好，但能力不好，甚或價值觀偏差，這樣早晚還是會被淘汰，即使沒被淘汰，自己也會做得很辛苦。有些人，雖沒有很高的文憑，但人品很好，人際關係也不錯，智慧很高，也肯吃苦耐勞，人生觀也很正確，雖然起步比別人辛苦一點，但路遙知馬力，日久見人心，雖然輸在起跑點，但卻贏在終點。文憑如果不高，加上力爭上游的毅力與決心也不高，那當然成功立業的機會就不會高。文憑低的人也不一定都是處在低階層，君不見一些大企業老闆也都是學歷不高且白手起家，但最後達致成功；文憑高的人也不一定都是處在高階層，君不見現在很多讀到碩士博士學位的人，卻低就在基層的工作。

二百一十七

問：目前大學校園內其他社團活動相當多，間接影響同學們要參與慈青之活動。對此，慈青應如何應對？

答：幹部們應深入了解為何同學們會選擇參加其他社團活動而不參加慈青行列。要度人就要先自度，自度就是自己先認同也精進投入，並且從中改變自己、樹立典範，讓人見了能起歡喜心，這樣邀約別人也才會有說服力，也才會「對機」。度人的方法沒有高低大小之別，能與別人對機就是妙法。要與人對機或投緣，自己要先充實自己、提升自己，就是孔子所說的「正人先正己」。自己心中有法，才有可能向人說法；自己做得法喜充滿，才有可能與人法喜分享。自己必須是慈青的標竿與楷模，這樣對同學講話才會有影響力，人家也才會想親近我們，如此，那就是彼此「有緣相會」。學校有多少社團不是同學要不要進來慈青的影響因素，在校同學要不要進慈青團體，這跟校園慈青團隊要以什麼活動內涵去吸引別人是息息相關。所以，已經進來的同學要自己從活動中改變自己，自己有明顯改變了，才有可能去影響周遭的同學及朋友，個人要先美，同學們才能體會慈青團體之美，這就是度化人群的緣與德。建議可多辦輕鬆活潑又不失溫馨與莊嚴的茶會或聯誼會，先「投其所好」激起同學們的興趣，再「善用其心」讓同學們從中了解如何做一個德智體群美的時代青年而化認同為行動，整個過程中都要「以法入心」與「善巧用法」，同時還須借重師姑師伯及慈青學長們的經驗與理念，大家合和互協展現團體美。如此有盡心盡力及虛心學習的過程，必會有豐碩之成果。

二百一十八

問：由於在校慈青幹部們課業繁重，不能撥出太多時間參與或策劃慈青活動。身為大專慈青學長深怕幹部們不能承受壓力而起退心，因而不敢給予幹部們任何承擔或重擔，這樣要如何推動慈青成長？

答：慈青學長要身先士卒起帶動作用，自己因擔心在校慈青有壓力或起退心而不敢付予重任，這樣反而讓在校慈青無法成長，自己也會因對法及對自己沒有信心而難以成長。活動不能太多而超過負荷，這樣人家不敢來，也不能太少或沒辦活動，這樣會沒有人來。所有慈濟的活動如果不能有效傳承慈濟法脈及融入慈濟人文，藉此自淨其意，也淨化人心，那活動會失去意義。慈濟是修行團體，是藉走入人群去身體力行來體悟佛法，不是為活動而辦活動。辦活動是屬於慈濟宗門的領域，期許透過活動增長經驗；活動之後的入經藏、薰法香或讀書會則是靜思法脈的精神層次，期許透過聞法增長智慧。在校慈青及慈青學長發心籌備活動，這是必須的，沒有活動要如何接引有心人？然而，活動之際與活動之後的法入心行，也是同等重要。有活動才會有機會藉事練心，不敢發心立願籌備或承擔活動，這會失去心智成長的機會，只是認同但卻不行動，這是原地踏步。然而，慈青畢竟是在求學中，仍須以課業為重，如因投入慈濟而影響課業這不是上人所願。不過，如能以智慧安排時間、用善巧妙用時間、用速度換取時間，則是名副其實的「慈青悲智行，聯誼啟慧根」，這是「有智青年」，才是青年人品典範。

二百一十九

問：願意加入慈青推動小組多是剛畢業的慈青，大多是在創業或就業的階段，難免會面對時間上的限制，這要如何應對？

答：時間雖然無情，但時間不會限制人，而是自己的心限制了自己。其實，有時候我們覺得很忙沒有時間，並不是真的沒有時間，而是因身忙碌而心也盲目，所以看不到還有時間，看不到不是沒有，而是不具慧眼。有時候，看似手忙腳亂，實則頭腦先亂。所以，一個人即使四肢很靈活，但頭腦卻不清楚，這樣也是會苦了手腳，造成空忙一場或事倍功半，這都是我們生活中須時時引以為鑑的。無論是創業或就業，都會面對很多人與事的磨練與考驗，這需要有智慧去應對，而慈濟活動就是透過人群中的人間事去顯真理。慈青活動是屬於慈濟宗門的領域，活動後的共修、讀書會、入經藏等等則是靜思法脈的精神層次，宗門的悲門與法脈的智門交互運用則成為福慧雙修的法門。能懂得這個道理，就知道要如何分辨輕重緩急去把握因緣、珍惜時間，趕緊讓自己的性靈及心智提升，因為這樣的智慧對職場及生活中的人際關係與自我超越有著關鍵性的影響。有心就會找出時間，無心則會找藉口說沒有時間。既然接觸慈濟了，就要將其他與身心靈無關的活動減少，將投入慈濟的時間增加，如此生活品質才會有保障，生活品質也才會精緻。

二百二十

問：我是慈青，曾經聽說宗教使人退步，所謂的退步是指物質方面。在現今的二十一世紀，我還是覺得物質會比較重要。很多師姑師伯說我們有福氣、福報，年紀輕輕就認識慈濟、做慈濟。始終覺得，師姑師伯皆已「上岸了」，錢已賺夠了，經濟很穩定了。而我們都沒有穩定的經濟，我們還需要賺錢養父母，維持更好的生活。畢竟，父母年老時需要更多的經濟資源來看病或醫病。我們應該賺夠錢來養父母，才有餘力做慈濟。請問您的看法如何？

答：雖說生病是每一個人難以避免的事，但還是先不要詛咒父母要看病，要多發好願，更要預植健康因，才會得少病或不病的果，這樣才是正信與正念。要賺多少錢才算賺夠呢？如果心不知足，即使家財萬貫，心中都仍是匱乏的。錢雖重要，但卻不是唯一重要，生命中還有很多東西和錢一樣重要，至少健康、時間、智慧與喜悅就不是你有錢就能買得到。有福報賺錢，還要有智慧去用錢，否則錢多可以讓人造福也可以讓人造業，就如水可以載舟也可以覆舟是一樣的道理。人如果一邊盡情地享受物質生活，一邊卻又想提升心智與性靈，那是不可能的事情。投入慈濟志工是以有形的付出去體會無形的喜悅，這中間就是讓身、心、靈在潛移默化中得到法的薰陶，這就是慈濟法門「說妙施權」及「開權顯實」的微妙。不要說等到賺了錢或孩子長大了才做慈濟，如果沒有見苦知福及福中修慧，則得不到智慧與福報。智慧不足，則無法巧妙地安排人生規畫；福報不夠，則諸事不順、災厄偏多，更甭談要賺到錢。因為沒賺錢，所以無心布施；因為沒有布施，所以沒有福報；因為沒有福報，所以賺不到錢。這是一個惡性循環。另一個循環是，雖然不是很富有，但生活無虞，因為恬安淡薄、開銷很省，很知足也很有智慧，懂得從付出中獲得成長的喜悅，從喜悅中充實輕安自在的人生。你要問自己，你要活在哪一個循環裡？

二百二十一

問：我很喜歡慈青孩子，也在生活營中帶出幾位優秀的慈青，但是有師姊在我背後說，我這樣做的原因是因為我自己的孩子不乖，我覺得這樣對我太不公平了。

答：我們的孩子如果真的是不乖，就把帶慈青的成功經驗用在教育自己的孩子身上，不管孩子有否改變，我們盡人事聽天命，盡力過後一切隨緣，如此方得自在。因為，父母只能生孩子的身，不能生孩子的心。如果我們的孩子並沒有不乖，而別人卻故意扭曲我們，這是印證古德所說：「哪個人前不說人？哪個人後沒人說？」此時更應自勉：「哪能盡如人意，但求無愧我心」。別人要怎麼說，那是別人的事，我們要用什麼心態去面對，那是要隨時自我觀照的功課。不過，我們也必須有察納雅言的心量，即使別人是「人言可畏」，我們也須用智慧把它妙用為「人言可貴」，這樣才是「心中有佛法，行中有妙法」。

二百二十二

問：慈濟的手語文化很美，因個人認識一些佛教組織，他們也想推動手語，請問，在個人的角色裡，可以協助他們推動慈濟歌曲的手語嗎？要如何才能推動？

答：慈濟的手語文化是淨化人心的一種無聲說法，能廣為推動也是好事一樁。但是，我們必須深入了解，不是為表演手語而練習手語，而是身體力行去聞聲救苦過後，將心靈的慈悲與柔軟融入歌詞的意境裡，再化為手語的不言之教，以此攝受人心，達到淨化人心的目的，慈濟手語是美在這樣的內涵，而不只是外在的姿勢。手語要表演得令人感動或讓觀賞者產生共鳴，必須表演者有發自內心深處的真情流露，這需要有實踐與力行做基礎。二〇一一年，日本發生複合式災難後，上人將此大災難的大因緣去大轉法輪，透過臺上與臺下全體志工的慈悲三昧水懺經藏演繹，將手語的文化發揮地淋漓盡致。人人以手語去演繹經藏，從過程中去懺悔業障、清淨自心，延續至今已成為慈濟重大活動及每年歲末祝福的殊勝法會。自此以後，慈濟的手語不再是過去數十年來少數人上臺的一種呈現，取而代之的是全體志工無臺上臺下之分，一起以妙手、妙音、法海的善念共振，人人透過手語去演繹經藏。所以，在慈濟活動裡，手語已不再是表演的概念，而是經藏演繹的入法。

二百二十三

問：有志工提問，慈濟的法門讓人感覺活動有餘，但弘揚佛法、廣結善緣的部分有不足之處，這該如何回應？

答：上人曾慈示：「佛陀的教法，重點在於心與行，心不離佛，行不離法，心行如法就是自性三寶現前。」所以，要多投入、多付出，並多體會才會對慈濟的修行理念有更深入的了解。慈濟是菩薩道的修行法門，強調的是「修於內，行於外」。內修就是「靜思法脈」，外行就是「慈濟宗門」。

法脈是「為佛教」，宗門是「為眾生」。所以，入經藏就是法脈，也就是弘揚佛法；入人群就是宗門，也就是廣結善緣。法脈與宗門的相輔相成就是入經藏與入人群的雙軌並行，法脈是智門，宗門是悲門，兩者交叉運用就是「權實並演」，所以也是「權中有實，實中有權」，意即方便不離真實，真實也不離方便，謂之「權實一體，純一無雜」。上人常常教誨慈濟人要「法脈入心，宗門入行」，這個「心」就是指「修於內」，這個「行」就是指「行於外」，內修就是自覺自度，外行就是覺他度他。所以，心行平齊與心行平等就是「依經入道」、「以解導行」，也就是學以致用，這樣的悲智雙運當中就是在弘揚佛法與廣結善緣。菩薩道一乘法強調必須具足內修與外行，缺一不可，所以才說「內修法脈真實法，外行宗門方便法」，這是慈濟法門的用法之妙。所以，慈濟活動不是對內比較多，也不是對外比較少，而是內外雙軌並行，不偏不倚、不著兩邊，依中道而行，此即「中道實相」的道理。這整個過程就是在轉一心實相法輪，亦名「一乘中道法輪」，此即宏通法華菩薩道。

二百二十四

問：我們靜思堂園區裡有環保教育站，每天都有人來捐廢棄的物資，我們都要花很多時間分類，甚至分類完後，須丟掉的垃圾比能再利用的物資還多，浪費很多時間及人力，問題是這些垃圾還要花錢請人載走，這要怎麼辦？

答：二〇一四年六月，上人行腳臺灣全省，在南部參觀某一慈濟環保教育站時，由於該環保站裡放置了許多不能回收的垃圾，造成環保站有陣陣的異味。彼時，上人語重心長地對眾開示環保教育的理念與做法，之後並以「忍痛教育」來形容自己的心情。後來行腳至另一據點時，又再對眾慈示「忍痛教育」的意涵。上人說：「忍痛教育就是：說出來的話人家可能不喜歡聽，但卻是影響深遠。」言下之意就是，會眾大德拿來環保站的物質，必須請他自己在家先做好資源分類，可以再利用的就回收並分類，然後才送來環保站，這叫做「清淨在源頭」。不能回收再利用的垃圾就自行處理，不要拿來環保站，這樣才不會造成環保教育站的垃圾成堆，而成為異味撲鼻的垃圾場。所以，既是環保教育站，就必須是一個隨時可教育人人有環保意識的心靈道場。負責環保志業的幹部須建立此正確理念，並也能適時給予會眾大德正確的環保意識，如此舊法新知，也能一脈相傳，才會是真正淨化人心的環保教育站。

二百二十五

問：常有來不及的感覺，可是身邊的人卻不重視。例如說氣候變遷的課題已深深影響我們的生態品質，這要如何引導與警惕大家？有時覺得大家都事不關己，也視若無睹，很讓人心灰意冷，這要怎麼辦？

答：自己感覺來不及，就要趕緊把握因緣，要積極承擔與付出。別人還感覺急不來，我們也沒辦法，就讓他慢慢來。度不到就是因緣未到，這是佛所說的無緣之人。自己要不要把握因緣、及時投入，那是自己的事情，別人要不要跟進那是別人的事情，我們唯有做到「一半盡其在我，一半順其自然」，這樣才會隨境而安、隨緣自在。千萬不要度不到別人就心灰意冷，這樣心中不喜悅反而更度不到人，因為自己的心念已經偏差。其實，我們自己也是有尚未自度、自覺之處，大家都是在成長進步之中，只是有人進步快，有人成長慢，一切要處之泰然、隨順因緣。要沉得住氣才會耐力變定力；若沉不住氣，則前功會盡棄。

二百二十六

問：我是慈濟會員，我先生是學化工的，他說慈濟的琉璃佛不是用水晶做的，價錢卻賣那麼貴，那是在欺騙人。請問你對此有何看法？

答：百貨公司裡有許多相同產品的不同專櫃，不同品牌其價格也各有高低，而無論其價格高或低也都各有其購買的消費群，但是沒有人會說價格比較高的專櫃是在欺騙人。對這個產品有興趣且很喜歡的人，價格高一些，他也會樂於接受，對他來講是物超所值，甚至是值得珍藏的無價之寶，即使價錢高也是值得買。然而，對省吃儉用的人來說，即使賣得很便宜他都還嫌貴，因為他不是為慾望或想要而買。其實，看起來沒什麼差別，而外表也都一樣的茶葉，其價格也是相差甚鉅，不同的人有不同的價值觀，但我們不能說比較貴的茶葉是在欺騙人，道理也是一樣。有一次我搭宿務廉價航空自馬尼拉飛返臺灣，機上的晚餐只是幾口飯跟量很少的一兩碟菜，卻要價臺幣三百元，貴得離譜，但我不能說該航空公司在欺騙乘客，因為沒有人強迫我買，乘客嫌太貴也可以選擇不吃，更何況這是所有廉價航空的經營方式。同樣品質的香水，把一些裝入與醬油瓶一樣大小的瓶子中，並把售價降低；另一些則裝入精緻的小瓶子中，價錢數倍於大瓶裝，結果小瓶的賣得比較好，這也是消費者本身的價格心理問題。同理，女生兩截式泳裝那麼小件，用布量那麼少，價錢卻與一件冬天夾克不相上下，我們也

二百二十七

問：請問，更生人可不可以參加慈濟？

答：嚴格說來，每一個有心改變自己，也決心改善自己，並且也看到自我明顯改變的人，應都可算是廣義的更生人。尤其參加慈濟之後，慧命獲得成長與啟發，這種慧命的重生與蛻變也是一種更生。慈濟世界裡的真人真事中，就不乏有些是曾經誤入歧途，甚至是誤蹈法網的人，彼等因慈濟因緣而浪子回頭、改邪歸正，不但救了自己也救了全家，最後成為浴火鳳凰，成為自度度人的人間菩薩。就因為有這些曲折離奇、感人肺腑的慈濟人慈濟事，才能將這些勵志故事搬上銀幕，也才會有大愛臺的連續劇「大愛劇場」及「長情劇展」的人生如戲、戲如人生。慈濟的善門是敞開的，更生人當然可以參加慈濟，但必須有與之投緣也適當的志工長期陪伴與輔導，這是需要悲智雙運。

二百二十八

問：我的一位朋友是以「乩童」為業，請問他可以加入慈濟嗎？

答：可以。但是，一旦加入慈濟當志工就要透過見習課程，慢慢去了解慈濟的修行法門及正信佛法，警惕自己既然加入正信的佛教團體，就要敬鬼神而遠之。如果因緣順利至可以報名培訓，此時更須正道與外道兩者分辨清楚，並擇正道而從之，在此情況就不能繼續「跳童」。否則，自己尚在談神論鬼與鬼神牽扯不清，如何去向人家宣導做一個正信的佛教徒？如何去弘揚正法？相反的，如果他只想當一個隨喜志工，並無意願參與見習或培訓，則無以上之約束。這樣的情況下如還想繼續當志工，當然還是受歡迎，只是在與其他見習或培訓志工亦或委員們互動時，可能會讓自己陷於「道不同，難相謀」的尷尬與困窘。

二百二十九

問：請問，您對釣魚臺的看法怎麼樣？

答：我們是學佛的人，不會去討論釣魚的事情；我們是慈濟人，上人鼓勵大家齋戒不殺生，要茹素救地球，所以也不鼓勵人家去釣魚。何況「十戒」清規明明告訴我們，「不參與政治」，只能「關心政治」，「黨」字尚黑，只可旁觀，何必自尋煩惱。

二百三十

問：您對「安樂死」有何見解？一個只靠機器活下去的生命有意義嗎？

答：「安樂死」的觀點雖然見仁見智，但目前還不被法律所允許。即使是合法要讓一個腦死的植物人安樂死，表面看來是離苦得安樂，其實安不安樂只有病者或亡者自己知道，最重要的是「生者心安，亡者靈安」。每一個人生前的善惡造作，都會反映在因果的法則上，在臨命終時須各自「消業」，自行概括承受。人都是帶業投胎，也帶業往生，業未盡也是走不了，今世未了的業障，到了下一世還是得繼續償還，所以每個人包括佛陀都有「餘業未盡」。人生的戲演完了卻不下臺，雖未下臺卻又沒有角色可演，這就是一般人所說的「植物人」。這是一種延長生命但卻拖延死亡的無奈，不是求生不能，而是求死不得，所以是痛苦的生命。對他來講，生命已無意義，但對我們來講，還有教育的意義。因為，當我們看到這樣的人生，會深自警惕，如果將來我們不要有這樣的苦報，現在就要趕快行善造福、修練身心，無常來臨之前先做好準備，否則將來也會跟他一樣。

二百三十一

問：馬來西亞有一位教聯會老師，要接引回教徒的學生，但學校有明文規定不能在校園內有傳教的行為，請問該如何處理？

答：馬來西亞及新加坡都是多元宗教及種族的國家，為了宗教及種族的和諧，

二百三十二

問：世上有很多科學無法解釋的現象，慈濟是如何詮釋這類神怪的現象呢？

答：研究科學的人比較會有實事求是的精神，因此也比較會強調眼見為信，或一切講求證據。一般人往往事情沒親眼看見或看不見就很難令自己去相信，這是人之常情，但卻是一種無明。有一些事情不能因為我們沒親眼看到就武斷地否定這個事實的存在，所以才說不能先入為主，也不要心存定見，這樣判斷事情才會接近真理。當一個人的心智還不夠成熟時，他所看到的事情還不一定是事實。例如黑暗的房間看不到東西，那不是沒有東西，而是缺少光線。空氣與氧氣看不到，但它對我們的呼吸維持生命卻十分重要，它是存在的，但我們用肉眼卻看不到。我們從母親的胎中出世時也是沒看到這個過程，但沒有人會說因沒看到而否定自己是母親所生。有一些科學無法解釋的現象，在佛法上來說就是不可思議的力量，例如佛典故事中所描述的森林大火，小鳥飛往河邊以翅膀沾水來回灌救，最後精神感動龍天護法而天降大雨，撲滅大火。此猶如慈濟委員花三百元坐計程車去會員家收個一百元的會費，或一個大老闆參加慈濟資源回收工作，當晚所回收的資源只賣個區區三百元，我們不能跟這位老闆說，不如你不要來做，你來做成本太高，乾脆你就捐一千塊，也不必做得這麼辛苦。這些都是太強調理性的人無法想像與理解。

馬國吉隆坡的慈濟靜思堂裡有一間五百多座位的國際會議廳，及一間兩百八十個座位的講堂，兩間階梯式聽堂共須近八百張的靠背椅，一位廠商正好是慈濟會員，答應悉數捐贈。產品快生產結束時，工廠不幸發生大火，整個廠房區及線上半成品及倉庫成品燒個精光，當這位老闆巡視現場時卻發現裝滿慈濟椅子的倉庫沒燒到，所以不只老天有眼，連火神都有眼。這件事若不是發生在自己周遭，連我自己也很難相信。其實，凡夫所說的「不可思議」，對佛來講「本來就是這樣」，蓋因現象是「果」，有果必有其因。因種下去就不會消失，所以佛家只說「緣生緣滅」，但不說

「因生因滅」。有因無緣也是難成果，必是有因也有緣，果報才會現前。無論現象來自有形或無形、看得見或看不見，正信佛法僅稱之為感受而不稱感應，正信的學佛者也不談神通，而先談人通，也不談玄說妙，不語怪力亂神。佛家深信無論科學可否解釋，皆與因緣果報脫離不了關係。所以，人可以不相信任何宗教，但必須深信因果。

二百三十三

問：我的弟弟兩年前在一場車禍中意外喪生，自此，母親變得很消極，不再相信好人有好報這回事。我們一家都沒做過什麼缺德的事，為何會受到這樣的報應？而我的一位家族親戚，不但進行一些違法的事，待人處事也常遭人非議，但他家卻依然興旺。我有讀過因果的書，也嘗試開導母親，但不成功，我應該怎麼做？

答：有一句話說：「惡人作惡卻享樂，善人行善卻貧苦。」惡人作惡會消掉他過去生所造的福報，然而如果他的過去生是造很多的福，即使削掉百分之九十的福報，只是享受這百分之十的福報就已經勝過你我，所以表面上我們看他雖作惡，卻依然家道興旺，道理在此。但是如果他繼續做惡下去，最後連這百分之十的餘福都享盡，則福盡悲來、災厄臨頭。君不見有些人雖少年得志、生活優渥，然卻無常現前而致家道中衰，甚或富而不智則衰，道理在此，這種活生生的例子也屢見不鮮。善人行善會消掉他過去生所造的業障，然而如果他過去生的餘業或餘殃太重，雖正在行善，如善業不夠多，則福報還是難現前。不過他如果持續行善、累積善業，則終有一天關鍵時刻的一善就會破千災，從此否極泰來，生活中這種逆轉人生的例子也是很多。「因緣果報」是「因」要碰到「緣」才會有果報，有因沒有緣就不會有果報，緣如果沒有成熟，則雖有惡因，還是不會果報現前，但不是不報，是時候未到。深信因果，我們才會體解「如是因，如是果」，這個道理懂了，自然能體悟今生所碰到的任何障礙或不如意都不是別人所給，而是自己過去所造。所以，要時時自我深觀與覺醒，才不會怨天尤人、自怨自艾。母親尚未接觸佛法，難起正信與正念，自己有因緣接觸佛法，就要繼續深入佛法的真理大綱，一旦智慧啟發且福德因緣具足，才有可能影響母親。

二百三十四

問：雖然說馬來西亞是共善業聚集的國家，無天災肆虐，可是最近頻頻發生自殺及兇殺案，慈濟對此有何看法？

答：以前我們都說馬來西亞是個風調雨順、豐衣足食的國家，無災無難即使有災也是無難。但是，二〇一四年年底卻發生世紀大水患，災區橫跨數個州，造成數十萬災民無家可歸，而馬國各分會也首度全體同步動員，不但推動以工代賑加速救災，並在災區搭建組合屋，這是馬國慈濟歷史是無前例。所以，過去沒有發生的不代表未來不會發生，還是要虔誠戒慎、敬天畏地。一個國家有一個國家的共業，一個家庭也有一個家庭的共業，每一個人也都有自己累生累世隨緣帶來的業力。共業有共善業與共惡業之分，共善業大的國家國運亨通、政通人和、百業興旺、風調雨順；共惡業大的國家國運衰微、朝野惡鬥、民不聊生、災難不斷。同理，一個人善業多則趨吉避凶、逢凶化吉；惡業多則諸事不順、災厄偏多。自殺者犯下兩種罪行：一為殺生之罪，二為不孝之罪。身體是父母精血之作，其髮膚是受之父母不可毀傷，況且我們對身體只有使用權，沒有所有權，任意蹧蹋與不當摧殘自己的身體而致死也是屬於殺生，其造成白髮人送黑髮人，就是一種不孝。兇殺者不離愛恨情仇、爭名奪利，因有所爭，而有所衝突，衝突之際必是血脈賁張、義憤填膺，在心懷瞋恨及情緒失控之下，言行極易釀成大錯。

所以才說，良好的情緒管理有一先決條件，就是必須修練「忍辱」，小不忍則亂大謀。因此，如要在錯誤發生前及時給予人心導正，或發生錯誤之後如何改往修來、止惡修善，這些都須有正念及正信的宗教信仰做後盾。

二百三十五

問：對兇手及被害者，慈濟通常是抱著怎樣的心態來面對？他們是因以前所造下的惡業牽引下，才會有今生的果報嗎？

答：殺人者無論是心中充滿瞋恨，或是反社會心理的情結，皆因無明而讓心靈成為一個火藥庫，引爆之後不但傷己也傷人，在衝動及失去理智之下，造成一步錯千步差，終身遺憾。殺人者與被害者過去生所結的惡緣，今世因緣成熟而果報現前，雙方皆屬不幸，此乃共業。惡緣宜解不宜結，而解鈴還須繫鈴人，有正信才會懂得隨緣消舊業，也才不會冤冤相報無有出期。上人明示：「要以愛止恨。」犯法者已接受法律制裁，希望他能靜心懺悔，去邪歸正，而社會大眾也需給予自新的機會，讓他在懺悔過去的當下，轉惡為善，重新做人，這樣就是溫情滿人間。相反的，一錯再錯而執迷不悟，則「天作孽猶可違，自作孽不可活。」即使被害者要原諒你，法律與因果也不能饒過你，如此一失足成千古恨，再回頭已百年身，一生就毀於一旦。被害者以恨無法止恨，應從中了解因果歷歷不爽而讓自己甘願接受，也讓自己在原諒對方的寬宏大量之下，走出更寬廣的人生，《靜思語》說「原諒別人就是善待自己」就是此意。北捷殺人事件過後，上人接見亡者父母時為其開解說道：「傷者及亡者的家屬還有傾訴發洩的機會，並且也得到大家的膚慰與關懷。但殺人者的父母，因孩子個人的極端行為，而背負著社會大眾的謾罵與指責，也必須概括承受孩子的犯行而終身受到人群的排斥與責難，卻無處傾訴，一切的辛酸與痛苦必須往內吞，這也是需要我們以同理心去給予體諒。」這是上人的同情心與同理心兼具之覺者風範，言談之間充滿悲天憫人的胸懷。經中有云：「身乾如薪，瞋恚如火。未能燒他，先焦己身。」它告訴我們，怒火是可怕的。憤怒的結果是什麼？只有一條路，就是通向破滅之門。佛陀曾經將憤怒比喻成徒手拿取火紅的煤炭，想要丟向令他憤怒的人，結果是自己先被燙到。佛陀也曾開示：「瞋滅一切善，瞋為善之毒，瞋為毒之根，殺瞋則安樂，殺瞋則無憂。」它殷切告訴我們，生活要安樂或無憂，必須心中無有瞋恚。

二百三十六

問：請解釋「人間淨土」與「西方淨土」之不同。

答：不論是彌勒淨土、東方琉璃淨土或是西方極樂淨土，都有一個共同的前提，就是「淨土是方便法門」，它是一個階段性與方便性的善巧施設。淨土宗強調在娑婆世界修行，也就是在人間修行才是正常的法門，到西方極樂世界去修行只是一種方便，雖然成就慢，但是容易修，所以稱之為「易行道」。而菩薩道則強調「人間佛教」及「佛法生活化」，也就是「靜思法脈勤行道，慈濟宗門人間路」，強調要將人間路與菩提道銜接，因此須走入人群去接受人與事的磨練與考驗，而現今五濁惡世的人群中充滿著習氣深重的眾生，在這樣有如汙泥的人群中修練更須具備信心與願力，這個不容易，所以稱之為「難行道」。然而蓮花因為有融入汙泥，才有可能開出清淨的花朵。有眾生的地方才能成就菩薩道，也才能成就淨土，所以《維摩詰經》才說：「菩薩欲得淨土，當淨其心，隨其心淨則佛土淨。」因此，東方或西方都只是個代名詞，淨土也不在東方或西方，它就在我們心中、在人群中，在日常生活中，是近在眼前，不是遠在天邊，此謂之「唯心淨土」。不論是人間淨土或西方淨土，不論是極樂世界或慈濟世界，除了要「諸惡莫作，眾善奉行」之外，還要「自淨其意」，那就是身、口、意三業清淨的「淨土世界」。

二百三十七

問：您相信命運嗎？您相信算命的可以幫我們改運嗎？

答：一般人說命運，以佛教的觀點謂之「業力」。每一個人都是隨業往生，也帶業投胎，所以命運就是凡夫業報身的「命中註定」，謂之「定數」。然而，學佛之人可以靠福慧雙修而自我改運，謂之「變數」。過去所造惡業已定，無法讓它減少，謂之「定業難轉」，但現在可以改往修來，積極行善造福，讓惡業相對變少，謂之「重業輕報」。福業若能累積與持續，則即使還有定業，也可以重業輕報，輕報化無，這就是變數。反之，惡業大過善業，則惡報現前，當然就是諸事不順、凶多吉少。命不必請別人算，也沒有人可以幫助我們改運，命運的好壞是決定在自己，因為它就是我們日常生活中日積月累的言行造作，也就是「人生的成績單」。《靜思語》說：「智者運命，愚者命運」意即有智慧的人是操縱命運，沒有智慧的人是被命運操縱。不口說好話、不手做好事，也不腳走好路，甚至無惡不作，亦或迷信重重、心無正念，則名字跟風水再怎麼改也沒用，因為這與名字風水無關，而與我們是否常常在自己心中種下善的種子有關，叫做「種如是因，得如是果」。「因果循環」是恆古今不變的定律，是自然法則，無人可例外。這種因果定律是你相信就有，你不信的話當然還是有，不會你說「我偏不信」就變成沒有。要好命或好運就要種下好命跟好運的因，唯一能創造自己命運，唯一能改變自己命運的人，就是我們自己，因為每一個人都是「自性三寶」，佛說：「心、佛、眾生三無差別。」就是這個道理。

二百三十八

問：為什麼有些人不需要努力也能非常成功，非常富有？有些人雖用盡心思、全力以赴，卻還是成就？

答：以佛法的角度來解析，有學歷、有能力，也很努力，只是事業成功的助緣條件，福報才是正緣。所以才說，有學歷、有能力，也很努力，但獨缺老天爺的一臂之力，則怎麼做也會不順利，一切的心血都會前功盡棄。所以是福人居福地，而非福地福人居，此乃一個人有造福與否，是生命中福禍順逆的關鍵因素。以慈濟的角度來解析，這個造福之路就是入慈濟宗門，因屬造福人群，所以才說宗門是悲門，法脈是智門。命中沒有的財庫，任你如何費盡心思拚命去追求，最終還是枉然，即使你去偷去搶也不會是你的，頂多是過路財神。一般人講命運或運氣，佛家則說業力或福報。要事業順利、家庭祥和、身體健康、婚姻幸福等等，就要多造善業，善業多則福報大，福報大則諸事順遂，這是「以福轉業、以善消惡」之故。如果已經在行善造福，但還未見福報，也不必氣餒，因為不是不報，是時候未到。如果，以惡小而為之，而未見果報，也不必慶幸，因為不會不報，馬上就到。很成功或很富有的人，如果沒有繼續造福，讓福報延續下去，或幸福快樂如果不是建立在繼續造福之上，亦或過度享福消福而折福，甚至有福報賺錢卻無智慧用錢而造業，則終有一天也會因「福中帶業」而「福盡悲來」，這是我們生活周遭屢見不鮮的事情。

二百三十九

問：做好事、說好話，為什麼年紀輕輕就往生？

答：做好事、說好話，都是造善因。因種下去了，就不會消失，如再有好緣相助，則因緣成熟而成就善果，所以沒有說因生因滅，只有緣生緣滅，這就是因緣果報觀。若目前碰到不如意或諸事不順、障礙重重，亦或層層關卡且關關難過，須知這不是別人所給，而是自己過去所造，也就是過去所造善因及所結善緣不足，以致今世障礙我們的惡緣與苦報偏多，這就是「業力」。人一生下來就開始要邁向死亡，何時要往生也莫非前定，謂之「生死有別，富貴在天」。生老病死是人體四相，是自然法則，無人能免。人不是老了才會死，而是業盡、福盡或壽盡就會死。棺材也不是用來裝老人，而是要來裝死人，有些人是一出世就往生，有些是正值青壯年因意外或無常而往生，有的則在事業飛黃騰達之際往生，也有老人院裡的老人每天粗茶淡飯卻也健康地活到九十幾歲。其實，我們每一個人都是活在棺材

國家圖書館出版品預行編目資料

修與行 / 劉濟雨著.
-- 初版. -- 臺北市：經典雜誌, 慈濟傳播人文志業基金會, 2015.12
416面；21 x 15公分
ISBN 978-986-6292-70-5(平裝)

1.佛教 2.問題集

220.22 104025876

修與行

作　　者／劉濟雨
發 行 人／王端正
總 編 輯／王志宏
叢書編輯／何祺婷、黃政榕
校正志工／廖信吉、何瑞昭
美術指導／邱金俊
美術編輯／游筌筑(實習)
出 版 者／經典雜誌
財團法人慈濟傳播人文志業基金會
地　　址／臺北市北投區立德路二號
電　　話／02-2898-9991
劃撥帳號／19924552
戶　　名／經典雜誌
製版印刷／禹利電子分色有限公司
經 銷 商／聯合發行股份有限公司
地　　址／新北市新店區寶橋路235巷6弄6號2樓
電　　話／02-2917-8022
出版日期／2015年12月初版
／2016年8月三版四刷
定　　價／新臺幣360元

ISBN 978-986-6292-70-5(平裝)
Printed in Taiwan